誰にも言えない

保育の悩みがプラス思考でスッキリ解決する本

原坂一郎・著

ひかりのくに

本書の特長と使い方

特長 この本は、保育そのものというより、
人間としてどうしても突き当たってしまう悩みに
解決策を示す本です！

スッキリするための
構成例

今、悩んでいること

・職場の人間関係
・保護者との関係
・いつものモヤモヤ
（日々のいろんなこと）
・毎月の保育の中でのこと

第3章 日々、どうしようと悩んだら その3

ぜんぜん思うようにいきません…

私の気持ち
- 子どもが言うことを聞いてくれない
- イヤな仕事をすぐに頼まれる
- 意見が通らない

今の状況を分析！

私の気持ちを冷静に
考えると…。

こんな感じなんです…

やりたいことはなかなかできない。なのに、やりたくないことはたくさんやってくる。園長先生にはあれこれ言っても、もうがんこで、ぜんぜん聞く耳を持ってくれないし、ついでにクラスの子どももぜんぜん言うことを聞いてくれない…。ああ、どうしてこうすべてが思いどおりにいかないのでしょう…。

ちょっと違った視点からの考え方で！

「あっ、そうか…」と思える
かもしれません。
別角度からの考え方を
示しています。

ラク～ 気持ちが楽になる考え方

自分以外は思うようにならなくてあたりまえ

人はふだん、自分だけは思ったとおりに動いています。例えば、お茶を飲みたいなと思えばお茶を飲むし、ちょっと本屋さんに寄りたいなと思えば、自分の意思で自由に立ち寄っています。何分立ち寄るのかも自由です。そのように、人はだれでも自分だけはおもしろいほど自分の思ったとおりに動きます。でも自分以外になると、それが人であれ自然であれ、自分の思ったようには動いてくれません。それで当然なのです。あなたも、自分の思うようには動いても、他人（ひと）様の思ったようにはぜんぜん動

64

使い方

人間は何度も何度も同じことで悩みます。
何度も何度も読んで、またがんばってみようかな…
というきっかけにしてください。

悩みをスッキリ解決！！ そのため、まずは、ズバリのひと言。

第3章・その3　ぜんぜん思うようにいきません…

ズバリ！解決策！

“しかたがない”とあきらめよう！

「まず」ひと言でプラス思考になれるきっかけをつかめます！

イラストで、ニンマリ
プラスイメージへ！

プラス思考でいこう！

今さら願ってもどうしようもないことは、スパッとあきらめると気持ちがとても楽になります。例えばお母さんは、赤ちゃんが話したり歩いたりしてほしいと願っていても、無理だとスパッとあきらめています。だからこそ赤ちゃんにあんなに優しくなれるのです。旅行でハワイに行ったなら、本当はヨーロッパに行きたかったとしても、それをスパッとあきらめると、ハワイ旅行を十分に楽しむことができます。目の前の現状をあきらめきれない人は、ずっと文句ばかりを言っています。「あきらめる」とは、相手を認めること、現状を丸ごと受け止めることです。それができると、人は文句どころか、笑顔さえ出てくるようになってきます。ただし、「いつか世界旅行をしたい」など、自分の努力でかなうかもしれないものはあきらめなくていいんですよ。

どうすればスッキリするかの解説！

「プラス思考」になれる
方法を示しています。

いていないはずですから。この世は、自分以外は自分の思うようにならなくてあたりまえ…そう思うと、あれこれ悩まなくてすみます。だって、みんなそうなのですから。

65

※各章で少しずつレイアウト構成に変化があります。

もくじ

第1章 職場の人間関係に悩んだら

もくじ

第2章 保護者との関係で悩んだら

第3章 日々、どうしよう…と 悩んだら

もくじ

プロローグ

「プラス思考」でいこう！

＊「プラス思考」でいこう！＊＊

実際にその世界に入ってみたら、

思っていたイメージとはぜんぜん違っていた…

というのはどの世界でもあることです。

しかし、幼稚園・保育園ほど、

その差が激しい世界はないかもしれません。

決して「幼稚園・保育園の中はひどい！」

と言っているのではありませんよ（笑）。

幼稚園・保育園というのは、

実際に働いてみないとわからない部分がとても多い、

ということです。

私は「**子どもが大好き**」というだけで、

何も考えずに保育士になってしまいました。

資格は検定試験で取ったため、実習にさえ行っていません。

保育の現場というものを何も知らず、

ただ「**大好きな子どもと毎日過ごしたい**」というだけで、

保育士生活をスタートさせてしまったのです。

「保育士は子どもと遊ぶのが仕事」くらいにしか

考えていなかった私は、いざ現場に入ってみると、

「こんなはずでは…」の連続でした。

ただ子どもに集まってもらうだけのことが、

ただ子どもたちに話を聞いてもらうだけのことが、

ただ子どもたちに着替えを促すだけのことが、

あんなに難しいものだったとは…。

保育に関する事務や雑用が、

あんなにたくさんあったとは。

中の人間関係があんなに複雑で大変だったとは。

私は、幼稚園や保育園の先生方が

いちばん多く悩むのは、保育に関することではなく、

人間関係を含む、**保育以外のこと…**

ではないかとさえ思っています。

私がそうだったからです。

ですから、今この本を手に取ってくれた方が、

ふだん、保育のことはもちろん、保育の周辺的なことで

どんなに悩み、どんなに困っているかは、

自分のことのようにわかるのです。

でも、ラッキーなことに、

私は**すべての悩みを克服**することができました。

私を取り巻く状況は変わらず、

むしろ年を重ねるたび困難は増えていった、のにです。

その方法は…、いわゆる「**プラス思考**」といわれるものです。

「プラス思考」という言葉はずいぶん昔からあり、

多くの人が、そのすばらしさや大切さを実感しています。

しかし本当にプラス思考の考え方、生き方をしている人は、

驚くほど少ないものです。

日本笑い学会というおもしろい学会があり、

現在私は、その理事をしているのですが、

18年前の発足当初から会員となって学んだのが、

いつでも笑顔になれる心の持ち方、

人生がより楽しくなる生き方、

そう、まさに「プラス思考」の考え方でした。

「プラス思考」というのは、簡単に言えば自分のプラス、

つまり**つごうのいいように考える**、ということです。

プラス思考の考え方をするようになってからは、

仕事の中で起こるすべてのことが、

それまではもう苦痛でしかなかったものでさえ、

私には、むしろ楽しいものに

思えるようになっていったのです。

人は考え方が変わると行動が変わります。
行動が変わると性格もしぜんに変わります。

おかげで性格もずいぶん明るくなれたように思います。

私もこれまで、自分の考え方を変えるという本は

何冊か読んだことがあるのでわかるのですが、

考え方を変えるというのは

大変なことだと思っていました。

でも、ご安心ください。

私のおすすめする「**プラス思考の考え方**」は

とても簡単です。

基本的にはあなたは今のままでいいのです。

ただ5%ほど、考え方をプラスに変えるだけでいいのです。

繰り返しますが、

95%は今のあなたのままでいてください。

この本は、保育の現場でだれにも起こる、

だれにも言えないさまざまな悩みを、考え方を、

ほんの少し「プラス思考」にするだけで、

すべてがウソのように解決する、という本です。

読んだ後、あなたはすっかりものごとを

プラス思考で考えられる人になっていることでしょう。

保育現場だけでなく、あなたの人生そのものが

よりハッピーなものになっていくことをお約束します。

第1章

職場の人間関係に悩んだら

どんな社会に入ったとしても、
だれもが悩むのが人間関係。
でも、幼稚園や保育園での
「人間関係の悩み」というのは、
独特のものがありますよね。
園での人間関係に悩んだときは、
この章を何回でも読んでください。
必ずラク〜になりますよ。

第1章
職場の人間関係に悩んだら

その1 どうしても合わない先生がいます

私の気持ち
- このままで1年を過ごしてもいいの？
- 会うたびになんとなく気まずい雰囲気に…
- 向こうも私を嫌っているみたい…

こんな感じなんです…

人の好き嫌いは激しくないほうなのに、同僚の中に、どうしても合わない先生がいます（実をいうと保護者の中にも…）。表面上はうまくやっていますが、ウマが合わないというか、言うことやすることのすべてがイヤで、少なくとも好きにはなれません。

気持ちが楽《ラク〜》になる考え方

笑顔で話しかけよう

人は、相手を好きかそうでないかで、微妙に言葉や態度が違っているものです。例えば、Aさんになら笑顔で頼むのに、Bさんになら無表情でまじめな感じで頼む…。その小さな違いは必ず気づかれ、その中の感情的な部分を鋭く察知されています。ポイントは笑顔。「この人とはなんか合わないな」と思う人にこそ笑顔です。だれに対しても心からの笑顔で話す習慣をつけていれば、相手も必ず笑顔になっていくものです。すると互いの印象が変わり、急に気が合ってくることも…。あなたの周

『合う』『合わない』は、あって当然。自分の気持ちを認めよう！

プラス思考でいこう!

保育者は、子ども、保護者、そして同僚と、たくさんの人と仲よくしなければなりません。でも保育者も人間ですから、好き・嫌い、合う・合わないは、あって当然です。まずは「嫌いな人がいることはよくないこと」「だれとでもうまくやらないといけない」というプレッシャーや義務感を解放し、「そうじゃない人がいてもいいんだ」と自分の気持ちをすなおに認めることから始めましょう。自分の気持ちを否定せず、そのうえで、そんな人とも（ケンカをしない程度に）うまく付き合っていける工夫をすればいいのです。

りにいる「だれとでもうまくいく先生」を見てください。保護者、同僚、相手がだれでもいつも笑顔で話しているはずです。

人間関係にうんざりです

その2

私の気持ち

- このままここでずっと働けるかどうか…
- 人間関係のわずらわしさから逃れたい
- もう働くのがイヤになりそう

こんな感じなんです…

人間関係でいろいろあって前の園を辞めました。心機一転で今の園に移ったのですが、ここは前の園以上にひどく、毎日ゴタゴタしています。もう人間関係にはうんざり、といった感じです。子どもは好きなのですが、あと1年続けられるかどうか…。

気持ちが楽《ラク~》になる考え方

いい人間関係は自分から築こう

「うちの職場は人間関係がいい」(またはその逆)などとよくいわれますが、「いい人間関係」の職場には、たまたまそこに「いい人」ばかりが集まったのではありません。その逆も同じです。どんな集団も、最初はごく「ふつうの人」ばかりで構成されていたのです。人はだれでもいい人間関係を望んでいます。悪くなると人のせいにします。「あの人が元凶」と思うような人でさえ、本当は「いい人間関係」を望んでいたのです。だから、その人がもし「いい人間関係」の集団に移ると、あっというまに「いい人」になったりします。今、

「イヤなことも給料のうち」と思う！

プラス思考でいこう！

職場の中にはさまざまな人間関係が発生します。特に、幼稚園や保育園という職場環境は、同僚だけでなく、保護者との関係にも悩むところです。いい人間関係ばかりだといいのですが、そうではないことも多いものです。でも労働者は、働くことで生じるさまざまな損失（自分の時間、体力、気力　など）は、すべて給料という形で報われています。仕事の内容はなんであれ、とにかくお金がもらえるということはすばらしいことなのです。そこで、「すべてのイヤなことも給料のうち」と考え、給料の中には、あらゆる《ガマン賃》も含まれていると思ってみてください。お金で報われていると思うと、「よくない人間関係」も受け入れられやすくなり、気分良く？「ガマン」ができるようになっていきますよ。

人間関係が悪いというならば、もしかしたらあなたもその何分の１かを手伝っているかもしれません。いい人間関係を築きたいというのであれば、他力本願にならず、まずあなたから実行し、この人といれば（話せば）楽しい、とみんなに思われる人にまずはあなたがなってほしいと思います。すると、そこからあっというまに「いい人間関係」ができていくものです。

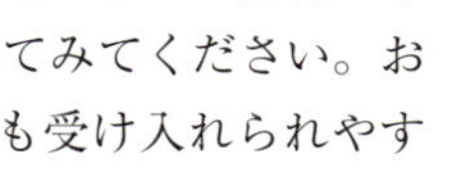

第1章
職場の人間関係に悩んだら
その3

顔を見れば“何か”を言う先輩がいます

私の気持ち
- その人の前ではビクビクするように…
- 仕事に対しても自信がなくなる
- 仕事が楽しくなくなりそう

こんな感じなんです…

私の顔を見るたびに、まるであいさつ代わりにお小言を言ったり、文句を言ったりする先輩がいます。仕事は一生懸命やっているつもりですが、褒められることはなく、あら探しばかりされます。なんだかすっかり自分に自信をなくしちゃいました…。

気持ちが楽《ラク～》になる考え方

「大多数の人は、私を認めてくれている」と思う

会うたびに何か言う人、いますよね。でも、それは全職員の中の何人ですか？ほとんどの人はそんなことはないはずです。その先輩から何か言われるたびに、いやな気持ちになっていくかもしれませんが、あなたの職場は、見方を変えれば、あなたに何も言わない、つまりあなたを認めている人ばかりが集まっているいい職場でもあるわけです。「少数派」の意見にとらわれ、「大多数派」の声なき声に耳を傾けないのはもったいないことです。あなたの今の職場は、客観的に見れば、「自分を

何か言われたときは大チャンス！

プラス思考でいこう!

うるさいほど自分に何かを言ってくる人がいるときは、①その人に問題がある、②あなた自身に問題がある、のふたつが考えられます。①の場合は、「被害者」はあなただけではないはず。そのときは、「被害」に遭った人たちで食事でもしながらそのことを話し合うと、すべてが笑い話になり、その後は「被害」に遭うことが話のネタになりそうで、楽しみにさえなることがあります。

問題は②の場合。自分にすぐにダメ出しをする人がほかにもいるときは要注意。そのときは、被害者意識は捨て、言われたところをすなおに反省するくらいの謙虚さが必要です。その姿勢を見せるだけでも相手は必ず変わります。しかし、どちらにしても大チャンス！①なら同僚と仲よくなれるチャンスだし、②なら自分が成長する大チャンスなのです。

否定する人がほんの少しいて、自分を認めてくれる人がたくさんいるすばらしい職場」であることに気づいてほしいと思います。

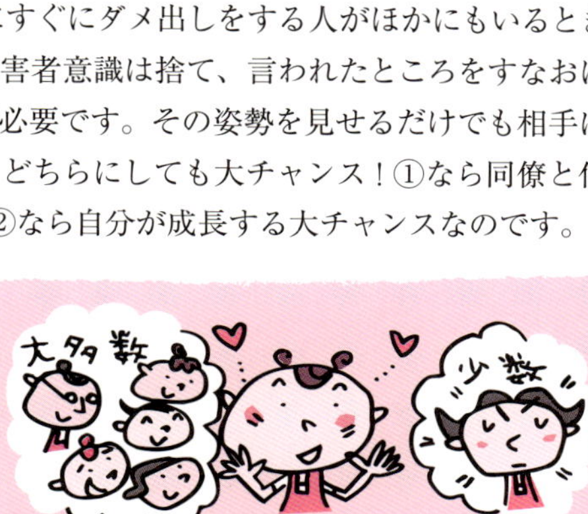

第1章
職場の人間関係に悩んだら
その4

自分への評価が気になります

私の気持ち

- 職員同士、私のことをなんて話しているの？
- 園長先生は、私の保育をどう思っているの？
- 「○○な先生」という私のうわさを聞いた…

こんな感じなんです…

クラスも落ち着き、心にも少しゆとりが出てくるころ、気になってくるのが自分に対する周りの評価や「うわさ話」です。自分のことや、自分の保育がみんなからどう思われているかが気になってきます。まして、うわさとして聞こえてきたものがよくないものだったならば…。

気持ちが楽《ラク〜》になる考え方

「うわさ」には反応しない！直接言われたものにだけ対処する

人は集まって話をするとき、その場にいない人のことをよく話題にします。人づてに聞く自分への「評価」や「うわさ話」の正体はそんなもので、ただ、人同士の話の中で、たまたま話題になっただけで、「どうしてもそのことで話し合いたい」といった深刻なものではありません。たいていの人は、そこでそういう話をしたこと自体、忘れているものです。人は、知らないところで自分が話題にされるといやがりますが、その何倍も、人のことを話題にしています。お互いさまですね。自分の「評価」

ズバリ！解決策！

自分をどう思うかは その人の自由。 気にする必要なし！

プラス思考でいこう！

「人の口に立てる戸はない」ということわざがあります。他人の考えや発言は止めることはできない！　という意味です。人が自分のことをどう思うかは、まさにその人の自由。そういう自分も、常に人のことをあれこれ思っているものです。でもそのとき、それはただ「思った」だけで、それでどうこうなんて、まったくありませんよね？　自分への評価もそうです。人が自分をどう思おうと、その人は、ただ「そう思っただけ」なので、何も気にする必要はないのです。それがもし重要なことで、どうしても伝えたいことならば、人は、何らかの方法で伝えに行くものです。直接何も言われていないのならば、人は案外「なんとも思っていない」のです。

や「うわさ話」が気になるのはわかりますが、直接言われていないのならば、「そういうことは言われていない」と思っていいのです。自分の耳に届いていないものにまで心を動かしていたら、それこそ心がいくつあっても足りませんよ。

第1章
職場の人間関係に悩んだら
その5

いっしょに組んでいる先生とギクシャクしています

私の気持ち

- 仕事によくない影響が出ているかも…
- チームワークがうまくいかない
- 毎日が楽しくなくてなんとなくゆううつ

こんな感じなんです…

いっしょに組んでいる先生と、どうしてもうまくいきません。はっきりいって互いのことをよく思っておらず、ギクシャクした関係になっています。複数担任だからふたりで力を合わせて仲よくやっていかないといけないことはわかっているのですが…。

気持ちが楽《ラク～》になる考え方

「仲よし」でなくても「チームワーク」は成立する

「いいチームワークとは？」と聞かれると「仲がいいこと」と答える人が多いのですが、仲はいいのにチームワークは悪く、仕事もぜんぜん、という例はたくさんあります。仕事をやらない（できない）人がいるときや、仲がよすぎて言いたいことが言えないときなどにそうなります。つまりチームワークと仲のよさは別ものなのです。いいチームワークとは「目標が同じ」「自分の役割を考える」「やるべきことをやる」ということ。そうすると、しぜんにいいチームワークができ上がり、人間

そのギクシャクが周りにバレなければOK！

プラス思考でいこう!

チームワークよく働いている引っ越し屋さんが本当は仲が悪かったり、テレビを見て、きっと仲がいいんだろうなと思っていた漫才師やグループが実はその逆だったり、というのはよくある話です。互いに仕事はきっちりやっているので、外部からはとてもそんなふうには見えない、というわけです。私も保育士時代、てっきり仲がいいとばかり思っていた先生同士が、実はその反対だったということが多くありました。いつも笑顔で楽しそうに保育していたので、周りは気づかなかったのです。それでいいと思います。人間同士、合う合わないはあって当然。でもそれはそれ。仕事だけはきっちりやって、それが周りにバレなければいいのです。バレないということは、互いにいい仕事ができている証拠です。

関係もよくなっていくことがあります。その感情を仕事に持ち込み、自分でかってにヤル気をなくすことがいちばんいけないことです。

本当はあの先生と仲よくなりたいのですが…

私の気持ち

- 「仲よし」ではないので、会っても互いに話をしない
- 私を避けているように感じてしまうことも
- 話すことがなくて、な〜んとなく気まずい…

こんな感じなんです…

別に仲が悪いというわけではないのだけれど、必要なこと以外は話さないので、特に仲がいいわけでもない。でも、本当はもっとあの先生のことを知りたいし、話もしたい。あの先生の「仲よしリスト」のひとりになるにはどうしたらいいのかなあ…？

気持ちが楽《ラク〜》になる考え方

人同士が仲よくなるきっかけは「話をすること」

人はみんな話しかけられるのを待っています。でも、こちらから先に話しかけるのは苦手です。人はだれでも話しかけられさえすれば、いつでも笑顔で返事をする用意ができています。相手が同僚でも保護者でも、「仲よくなりたいな」「いい関係をつくりたいな」と思う人には、待っていてはいけません。こちらから話しかけていきましょう。ウソのように話が弾みます。「話すことがない」というときは、軽い「質問」や「褒め言葉」がおすすめ。「すてきな髪型ですね！　どこの美容院ですか？」

本当はみんな だれとでも仲よくなりたい！

プラス思考でいこう！

こちらが「あまり仲よくはない」と思っている人は、向こうもそう思っているものです。「でも、本当は仲よくなりたい」というその気持ちもまた、向こうも持っていることが多いもの。いちいち言わないだけで、人は本当はだれとでも仲よくなりたいと思っています。「あの人とは仲よくなりたくない」なんてわざわざ思う人はめったにいないように、あなたと仲よくなりたくない、なんて人もいないのです。互いに仲よくなるチャンスがなかっただけなのです。

「字がきれいですね。習ってたんですか？」などなんでもいいのです。とにかくこちらから話しかけます。唐突でもOK。すると必ずそこから楽しい会話が始まります。人は「自分と話をする人」と仲よくなっていくのです。

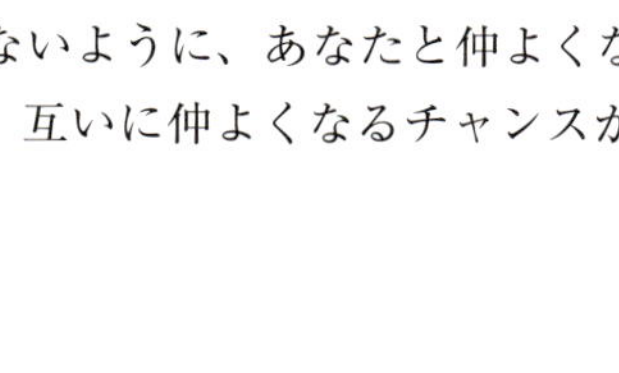

第1章
職場の人間関係に悩んだら
その7

人の陰口ばかりの職場にうんざりします

私の気持ち

- 毎日、聞くだけでうんざり
- ついいっしょに言ってしまう自分がイヤ
- みんなで楽しい話題で盛り上がりたい

こんな感じなんです…

私の園の先生たちは、集まれば保護者や子ども、園長先生の陰口ばかりで困っています。私もいっしょに言わないと仲間外れにされそうで、適当に合わせてはいるものの、そんな職場がイヤでたまりません。

気持ちが楽《ラク～》になる考え方

《健康的な笑い》を誘う話題を自分から提供

複数の人が集まって話をするときは、やはりみんなが笑顔になれる話題がいいですよね。確かに人のうわさや陰口でも笑顔になれますが、そのときの笑いは「嘲笑」「冷笑」と呼ばれ、《不健康な笑い》といわれることも。人の気持ちや雰囲気をマイナスに導き、心身の健康にもよくない笑いです。一方、明るく楽しく笑う子どものような笑いは、《健康的な笑い》と呼ばれ、心身にさまざまなプラスのエネルギーをもたらす笑いです。時には前者のような笑いも大切ですが、まずはあなたが、その場に《健康的な笑い》をも

みんな盛り上がりたいだけ、と思う！

プラス思考でいこう！

長い間、保育園という女性ばかりの職場で過ごして、わかったことがあります。

①女性はふたり以上集まると、とにかく何かをしゃべりたくなる、②目的は盛り上がることと共感し合うこと、③話題は、少なくともその場のだれもが傷つかないもので、かつ、プラス評価ではなくマイナス評価。

幼稚園や保育園で、その3つの条件を満たそうとすると、おのずと話題は「子ども・保護者・園長」で、しかも「悪口」となりやすいものです。でも、みんな、ただその場を盛り上げようと思って言っただけで、ホントはだれもが「子どもがかわいい」「保護者もいい人」「園長先生を尊敬している」が本心であることを私は知っています。あなたと同じように、本当は人の陰口だけで盛り上がるのはイヤ、と思っている人は案外多いものです。「これはみんな本心ではない」と思っていればいいのです。

たらす話題を提供してみましょう。ポイントは、自分が「困った」「損をした」経験を話すのではなく、「楽しかった」「うれしかった」「おもしろかった」経験を話すことです。《健康的な笑い》は場を和ませ、温かい雰囲気をつくります。そんなグループは、しぜんに人間関係までよくなっていきます。

第1章
職場の人間関係に悩んだら

その8

職場で いじめられています

私の気持ち

- もしいじめがエスカレートしたら…
- 毎日がゆううつ
- なんで私だけこんな目に…

こんな感じなんです…

はっきり言って、今、職場でいじめられています。園長先生からは、子どもや保護者の前でも怒られるし、ミスをしたときは、先輩からは無視されたり、口さえ聞いてくれなくなったりすることも。辞めたいとも思うのですが、子どもたちはかわいくて、辞められません。

気持ちが楽《ラク〜》になる考え方

いつも明るく笑顔で元気に

学校でも、職場でも、テレビ界でも、例えば昔ならいじめの対象にもなりえたような太った人が、みんなから人気があることが多いですよね。彼らに共通するのは、それを気にせず、いつも笑顔で明るくふるまっていることです。太っていることを自分から笑いのネタにすることもあります。逆に、それで悩み、いつもふさぎ込んでいるような人は敬遠されます。自分が職場で浮いたりいじめられたりしているように思う人は、笑顔を忘れず、自分のミスや欠点、いつも言われること…など

「いじめ」ではなく「試練」だと思う！

プラス思考でいこう!

そういうことが続くと、毎日が楽しくなくなり、笑顔も減っていきますよね。でも、それってもしかすると、「いじめ」ではないかも、ですよ。人は、自分が何らかの被害者になったとき、それを「いじめ」と呼ぶ傾向があります。例えば、単なる国の制度が「高齢者いじめ」といわれたり、後輩へのちょっとした注意が「後輩いじめ」といわれたりすることがあります。それならば、人は知らないところで毎日だれかを「いじめ」ています。もっと遊びたいのに、すぐに「おかたづけ！」という保育者は、子どもから見ると「いじめ」かも…。犯罪に相当するような深刻ないじめは、しかるべき機関に相談すべきですが、そうでない限り、少々のことは、被害者意識は捨て、すべてを客観的に見つめましょう。「これは《いじめ》ではなく《試練》かも」と思えたとき、あなたは必ず伸び、それを乗り越えて行くことができます。

は逆にそれを武器にし、先に言ってみんなを笑わせるなど、努めて明るく、元気に過ごしてほしいと思います。人は笑顔の多い人には、いじめるどころか親しみを持つものです。

第1章 職場の人間関係に悩んだら その9

派閥争い!? どちらにつけば…

私の気持ち

- どちらかにつかないと仲間外れにされそう
- 本当はみんなと仲よくやっていきたい
- 自分の考えや本心をなかなか言えない

こんな感じなんです…

うちの園では、職員が「園長派」と「反園長派」のまっぷたつに分かれています。今年入ったばかりの私は、どちらにつくべきか悩んでいます。みんなと仲よくやっていきたいのですが、意見が分かれたときは困ってしまい、自分の考えもなかなか言えません。

気持ちが楽《ラク～》になる考え方

だれとでも《1対1のいい関係》をつくっておく

「みんな」と仲よくなりたいときは、「みんな」ではなく、そのひとりひとりと仲よくなることを考えましょう。例えば、組織の中の10人みんなと仲よくなろうと思えば、10人全員と「1対1のいい関係」をつくるのです。すると、仮にその中で派閥のようなものが生じたとしても、「派」としては敵対関係になっても、「人」としては、だれとも悪い関係にならなくてすみます。もしも全員と「1対1のいい関係」ができていれば、休憩室などで、だれとふたりきりになっても、その人とだけの独自

ズバリ!
解決策!

「どちらか」ではなく「両方好き！」でいい！

両方スキ！派
です!!
ハイ！

プラス
思考で
いこう!

「組織」と呼ばれるところには、いわゆる「派閥争い」が生じやすくなります。ふたつに分かれるとしたら、たいてい「園長派」と「反園長派」に分かれます。どちらかを選ばないといけないならば、私は「園長派」をおすすめします。園の職員であるからには、それぞれの園長先生の理念や考え方を大切にすべきだからです。しかし、「反園長派」は、「あのやり方はどうも…」など、その理念ではなく、やり方や人柄などに反発している場合が多いもの。でも、どちらにもつきにくいということは、両方とも理解できるということです。それなら、どちらに…なんて考えず、その「両方が好き」の気持ちを大切にしてください。「みんなと仲よくしたい」。その気持ちは必ずみんなに通じます。つまり今のままでいいのです。

の世界が広がり、いろいろな話題で盛り上がることができるものです。それができないときは、その人とは、まだ1対1の関係が結べていない証拠です。ぜひ、ひとりひとりの「みんな」と仲よくなってくださいね。

第１章 職場の人間関係に悩んだら

その10

言いたいことがあるけれど、言えません…

私の気持ち

- 言い返されたらどうしようと思ってしまう
- 言った後、その人とギクシャクするのがイヤ
- 本当は言いたくてたまらない

こんな感じなんです…

職場では、一応みんなと仲よくやっていますが、本当は、言いたいことがある人がたくさんいます。でも、言えません。言ってもいい後輩でも、なぜか言えず、そんな自分を腹立たしく思うときもあります。

気持ちが楽《ラク～》になる考え方

「気をつかう」からうまくいく

人が人間関係で疲れるのは、気をつかうからです。人といっしょに何かをするときは、心のままには動けず、言い方ひとつ気をつかっていかなければなりません。でも人は、気をつかわなくてすむはずの親友にさえ、実はけっこう気をつかっています。大好きな人だし、気のつかい甲斐がある人なので、それが気にならないだけです。「気をつかう」とは、相手のことを思う気持ち、大切にしようという気持ちです。その心が通じるからこそ、気をつかった相手とはうまくいくのです。人は知らないところで、自分もたくさん

言っても言わなくても大正解！

言いたいことがあるけれど言えない…。さぞ、心の中がもやもやしていることでしょう。一方、思ったことを、何でもズバズバ言う人もいます。そう、言いたいことがあるときの解決策はふたつにひとつ。「言う」か「言わないか」です。勇気を出して「言う」を選んだ人は、言い方だけは気をつけ、謙虚な感じで言ってみてください。恐れていたようなことは案外何も起こらないものです。そして言いたいことが言えたスッキリ感を十分に味わいましょう。悩んだ末に「言わない」を選んだ人は、それはそれで大正解なのです。言わないことで今の平和が保たれていると思い、それを喜んでいればいいのです。選択肢がふたつあるときは、どっちを選んでもいいのです。自分次第で、選んだほうが大正解になります。そっちを選んだことを後悔しないことが大切です。

の人から気をつかってもらっています。いわばお互いさまなのです。「気をつかう」とはひとつのマナー、だから相手とうまくいっている、と思い、相手が親友のときのように、あたりまえのことのようにして気をつかっていると、少しも疲れないものです。

いい人間関係を
さあ わたしから

第2章

保護者との関係で悩んだら

幼稚園や保育園で働く人は、
保護者の方とも
うまくお付き合いして
いかなければなりません。
「保護者の方とのコミュニケーションが
どうも苦手」という先生には
ぜひ読んでいただきたい章です。

第2章
保護者との関係で悩んだら

その1

保護者のみなさんと仲よくなれるかなぁ…

私の気持ち

- 嫌われたらイヤだなあ…
- ホントは全員と仲よくなりたい…

こんな感じなんです…

　クラスが新しくなり、子どもたちや保護者のみなさんと早く仲よくなりたいのに、実際は難しく、毎日あいさつを交わすだけの関係に。早く仲よくなりたいなぁ…。

気持ちが楽《ラク〜》になる考え方

保護者の「みんな」と仲よくなろうと思わない

　相手が多人数のときは、相手をつい「みんな」という目で見てしまいます。そんなとき、気持ちはひとりひとりには向いていないので、いつまでたってもだれとも仲よくなれていないものです。例えば「みなさんこんにちは」と言ったときも、「みんな」に向かってはあいさつをしても、個人にはだれにもあいさつをしていないことになるのです。

ズバリ！
解決策！

「1対1のいい関係」を作るだけでいい！

「あいさつの後」の会話例

お仕事お疲れさまです。
先生こそ
今日は暖かいですね
気持ちいいですね。
今日、お絵描きしましたよ
また○○に聞いてみます。

プラス思考でいこう！

人は、その人と1対1のいい関係が結べたとき、初めて仲よくなれるものです。子ども、保護者、同僚など、相手が多いときは「みんな」と仲よくなろうとせず、まずはひとりひとりといい関係をつくることです。すると、いつの間にか「みんな」といい関係ができているものです。まずはあいさつのとき、プラスアルファの短い会話をしてみることから始めてみましょう。

第2章

保護者との関係で悩んだら

その2

初めて出会う保護者の方との関係に不安がいっぱいです

私の気持ち

- 1年間、うまくお付き合いできるか心配
- 合わない保護者がいたらどうしよう…

こんな感じなんです…

4月になると、新しい子どもたちとの出会いとともに、保護者の方たちとのコミュニケーションに頭を悩まされます。仲よくやっていきたい、という気持ちは強いのですが「頼りなく思われているのでは？」「冷たくされたらどうしよう…」など、なんだか不安でいっぱいに…。スッキリ不安を解消し、保育に専念したいです。

気持ちが楽《ラク〜》になる考え方

保護者は私と仲よくなりたがっている

保育者が保護者とうまくやっていきたいと思っている以上に実は、保護者の方たちのほうこそ、保育者とうまくやりたい、仲よくなりたいと思っているのです。互いにいい関係を持ちたいと思っている者同士、うまくいかないわけがありません。「あなたとは仲よくなりたいんです」…まずは、どの保護者に対してもそういう気持ちを持つことが大切です。その気持ちは、しぜんにあなたの言葉や態度の中に表れ、必ず相手に伝わります。「人とのいい関係」は、いつでも「気持ち」からスタートするものです。

ズバリ！解決策！

第一印象がよければだいじょうぶ！

1 笑顔で話す

3 態度や行動を意識する

2 身だしなみを整える

4 ていねいな言葉づかいを

プラス思考でいこう！

人は、第一印象を会った最初の5秒で決めるといわれています。そして、いったん決めた印象をなかなか変えようとしません。保護者からの第一印象がいい先生とそうでない先生とでは、後の関係づくりにも大きな差が出てきます。人の印象を大きく左右するポイントは①表情・笑顔、②身だしなみ・外見、③態度・行動、④話し方・言葉づかいの4つです。怖いのは、その中でひとつでもダメなものがあれば、すべてが台無しになるということ。でも、逆に言えば、第一印象さえ悪くないようにすれば、その後ずっと笑顔のお付き合いができるのです。

第2章
保護者との関係で悩んだら

その3

話しかけにくい保護者がいるのですが…

私の気持ち
- ツンツンされているような気が…
- いつも素通りされてしまう

こんな感じなんです…

　とても話しやすい保護者となんとなく話しにくい保護者がいます。中には私を避けているような保護者も…。そんな保護者はどうも話しかけにくくて…。

気持ちが楽《ラク~》になる考え方

保護者こそゆっくり話をしたがっている

　保護者の方たちは、実は保育者以上に（保育者と）仲よくなりたい、話がしたいと思っているものです。でも、私たち日本人は基本的にシャイで、人から話しかけられると話はするのに、自分からは話しかけないものです。保護者も同じで、たいていは「自分からは話しかけにくい」「（先生は）きっと忙しい」などと思い、自分からは話しにくいのです。それが保育者を避けているように見えることもあります。本当はみんな保育者と話がしたいのです。

ズバリ！
解決策！

保育者のほうから先に話しかけると会話が続く！

まあありがとうございます。

プラス思考でいこう！

話が弾むのは、いつも保護者のほうから話しかけてくるタイプの人のはずです。すべての保護者がそうだと限らないので、まずは保育者のほうからひとりひとりに積極的に話しかけてみましょう。人はだれでも、相手から先に話しかけられさえすれば、いつでも笑顔で話を返す準備はできているものです。

第2章
保護者との関係で悩んだら
その4

保護者にどう思われているか心配なんです…

私の気持ち

- 本当は私のこと嫌っているのでは…？
- 笑顔の奥の本心が知りたい

こんな感じなんです…

保護者のみなさんはいつも笑顔で接してくれるけれど、本当は私のことや、私の保育がどう思われているのかがとっても心配です。

ラク～ 気持ちが楽になる考え方

気にしなくてOK！保護者はそれほど気にしていない

人は、新しく人間関係を結ぼうとするときに、その人からどう見られているかをとても気にします。保育者は保護者からどう思われているかが心配かもしれませんが、それは保護者もまったく同じなのです。逆にいえば、そんなに気にしなくても、案外互いのことを、それほど気にせずなんとも思っていないものです。

笑顔があればだいじょうぶ！

プラス思考でいこう！

人は自分に自信がないとき、自分がどう思われているかを心配する傾向があります。でも、人は案外他人のことを気にしておらず、何とも思っていないものです。自分がどう思われているか気になるときは、子どもにも保護者にもとにかく笑顔で接することです。保育者に笑顔が多いだけで保護者は安心し、信頼感もかなりアップします。なぜなら笑顔の多い人を嫌いな人はいないからです。でも、笑顔の少ない先生って意外と多くいるので、ご用心！　です。

第2章
保護者との関係で悩んだら

その5

保護者がコ・ワ・イ…

私の気持ち

- 何か言われそうで話をするのもイヤ
- 自分にも保育にも自信をなくしてしまいそう
- 毎日が楽しくない

こんな感じなんです…

すぐに文句や苦情を言ってくる保護者が多くて困っています。言い方はていねいでも、私のやることなすことすべてにケチをつけてきます。今日は何を言われるかとビクビクの毎日で、もう保護者の顔を見るのも怖く、お迎えの時間が近づくと頭が痛くなってきます。

気持ちが楽《ラク〜》になる考え方

具体的な被害は「言われた」だけです

自分に対してすぐに文句を言う人が周りにいると、気分がめいり、毎日がゆううつになりますよね。でもよく考えると、あなたが保護者から受けている被害は具体的には「言われた」だけのはず。どなられたわけでも殴られたわけでもありません。そもそも「言われた」なんて、だれにでもあること。ぜんぜんたいした被害ではなく、悩むほどのものではないのです。何か言われて悩む人は、「私は何も言われるような人間ではない」とどこかで思っているからです。だから何か言われたら悔しく、

ズバリ！解決策！

人間関係は「複雑」ではなく「単純」！

プラス思考でいこう！

よく人間関係は「ややこしい」とか「複雑」とかいわれます。でも、しょせん人間関係なんて「好きか嫌いか」「感じがいいか悪いか」「笑顔を向けられるか向けられないか」など、ふたつにひとつの単純なものなのです。自分の周りに、嫌いな人、感じの悪い人、笑顔を向けられない人などがいると、人は「人間関係はややこしい」といいます。しかし、実は自分がそう思うから「ややこしく」なってしまうのです。映画評論家の故・淀川長治氏の名言は、「私はいまだかつて嫌いな人に会ったことがない」でした。そう、「嫌いな人」なんて、実はどこにもいないのです。自分がかってにその人を嫌いになっているだけなのです。自分から嫌いにさえならなければ、人はだれとでもうまくいくものです。人間関係なんて、単純なのです。

ショックなのです。ここは少し謙虚になり、言われても「また言われちゃった」くらいに思い、弁解はせずに、笑顔で「わかりました」と言うようにするだけでも、状況はずいぶん変わってくるものです。

第2章
保護者との関係で悩んだら

その6

保護者の顔が覚えられません

私の気持ち

- 覚えたと思ってもすぐに忘れる
- 顔も名前も知っているのに一致しない

こんな感じなんです…

　新しいクラスに変わったけれど、人の顔や名前を覚えるのが苦手。特に保護者は、お父さんはもちろんお母さんの顔と名前がなかなか一致しなくって…。

気持ちが楽《ラク～》になる考え方

人の記憶力には「得意分野」がある

　人の記憶力というのは、人それぞれで得意分野が違っています。年代など数字ならすぐに覚えられる人、だれが何を言ったかなど人の言葉ならいつまでも忘れない人、歌なら新曲でもすぐに覚えてしまう人。記憶力がいいか悪いかではなく、その得意分野では、「覚えよう」と思わなくても、もうしぜんに頭の中に入っていくのです。あなたも、たまたま、顔と名前を覚えるというジャンルが苦手だっただけで、決して記憶力が悪いのではありません。記憶が人より勝っている分野も

ズバリ！解決策！

10秒レベルのかかわりを持つだけでいい！

プラス思考でいこう！

園に初めて来た実習生は、「自分にかかわってきた子ども」から顔と名前を覚えていくそうです。自分とかかわると印象に残り、覚えやすいというわけです。保護者もひとりひとりと10秒レベルのものでいいので、何か小さなかかわりを持つようにすると、すぐに覚えられるものです。服装や持ち物の何かを褒めたり尋ねたりするなど、何かそこから会話が弾むような小さなかかわりから始めてみましょう。

必ずあるはずなので、まずはそれを見つけましょう。少なくとも、自分に対して自信をなくすことはないのです。

第2章
保護者との関係で悩んだら

その7

まさに苦手なタイプの保護者がいます

私の気持ち

- なんとなく合わない保護者がいる
- 向こうも私を避けているような気が…

こんな感じなんです…

なんとなく相性の悪い保護者、好きになれない保護者がいます。そんな保護者とは、会うたびに会話も態度も互いになんかギクシャクしてしまいます。

気持ちが楽《ラク~》になる考え方

その気持ちが、行動や態度に出なければ OK

どんな人にも、どうしても合わない人、なんとなく好きになれない人、というのはあるものです。人はそんな人とは、しぜんにかかわらなくなったり、避けたりすることさえあります。その気持ちが態度となって出てしまうのです。すると相手も同じような気持ちになり、こちらを避けたり遠慮したりするようになっていきます。「合わない人」というのは、いてもいいのですが、その気持ちがあなたのほうから、態度や行動となって出ることがないようにだけは気をつけましょう。

ズバリ!
解決策!

保護者をこちらから先に好きになろう！

この子の保護者だもん。
かわいい

プラス思考でいこう!

少々イヤなタイプだったり、相性が合わなかったりしても、まず、保育者のほうから、ひとりひとりの保護者を好きになることです。どんな人にも「好きになれるところ」は必ずあります。遅刻をせず毎日時間どおりに来る、忘れ物をしない…それだけでもすばらしい保護者です。好きになれます。もし何もなかったとしても、このかわいい子どもの保護者であるというだけでも、尊敬できるはずです。そういう気持ちは口に出さずとも必ず伝わり、向こうもこちらに好意を持つようになり、あっというまに「合う保護者」になります。

第2章 保護者との関係で悩んだら

その8

昨年のやり方と何かと比較されます

私の気持ち

- 保育のやり方には口出ししないで…
- 自分の保育に自信がなくなってしまいそう

こんな感じなんです…

クラスと担任が変わり、保護者の方にもとまどいはあるのかもしれないけれど、ふた言めには「去年はこうで…」「前の先生は…」と、去年のやり方と比べようとするんです。

気持ちが楽《ラク～》になる考え方

これは必ず起こる、“自然現象”だと思う

人はずっと同じだったものが変化すると、不安になります。保護者も、前の保育者やそのやり方に慣れていただけに、その変化にとまどいを感じているのです。変わったときは何でも最初はなじみにくいものです。でも、それは最初だけのこと。すぐに新しいものに慣れ、むしろ好きになっていきます。これは、クラスや担任が変わるたびに必ず起こる、“自然現象”だと思っていればいいのです。

無理に反発せず、むしろ参考にしよう！

プラス思考でいこう!

「前はこうでしたよ」「前の先生なら…」と、保護者が以前のやり方を求めてくるときは、無理に反発しないで、むしろそのリクエストにこたえ、さりげなく取り入れてみるくらいの対応をすると、保護者も満足します。実際にやってみると、確かによい面が見つかったり、保育がやりやすくなったりすることもあります。そうした後で、再び元のやり方に戻したとしても保護者は、もう“文句”は言わないものです。絶対に変えようとしないかたくなな態度は、保護者の不安を募らせることがあるので気をつけましょう。

第2章
保護者との関係で悩んだら

その9

保護者のうわさが気になります

私の気持ち

- このままでは互いの信頼関係が保てなくなりそう
- 自分の保育に自信をなくしてしまった
- 仕事に身が入らない

こんな感じなんです…

保護者の間で、どうやら私のことがうわさになっているようです。直接言われたわけではありませんが、「独身だから子どものことがわからない」「子どものシャツが出ていても知らん顔」「このクラスだけ戸外遊びが少ない」など、いろいろ言われているようです。一生懸命やっているのに保護者にそんなふうに思われていると思うと、悲しくなってきます。

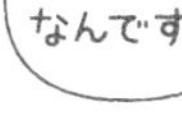

気持ちが楽《ラク～》になる考え方

「実際はだれもそんなことは言っていない」と思う

本人は何も聞いていないのに、「だれかが言った…らしい」というのが「うわさ」。でも「担任のうわさ」なんて、たいていは保護者同士の井戸端会議の話題のひとつで、悪気はなく、すぐに別の話題で盛り上がるものです。また、もしかしたらあなたのいい面もたくさん話題に出たかもしれません。保護者は、本当に言いたいことがあれば、連絡帳など何らかの形で保育者の耳に届けます。そんな、実際に届いていない言葉にまで反応する必要はありません。変なうわさが立ったときは、「聞いてい

うわさの時点で先手を打とう！

プラス思考でいこう！

うわさは気にする必要はありませんが、その内容に謙虚に耳を傾けてみると、心当たりがあることが多いものです。そこで、ここはひとつ、そのうわさを信じ(!?)、その「心当たり」に対して先に手を打っておきましょう。例えば、「子どものシャツが出ていても知らん顔」といううわさがあるならば、子どもの身なりに気をつけるようにし、少しでもシャツが出ていれば入れてやるようにする。「戸外遊びが少ない」といううわさが立っているならば、さりげなく戸外遊びの時間を増やし、いっしょに元気に遊び回る…、それだけで、保護者は「何も言っていないのに先生はしぜんに変わった」と思い、保育者への信頼感や満足感をよりアップさせていきますよ。

ないのだから、だれもそんなことは言っていない」と思っていればよく、実際に言われたら、そこで初めて気にすればいいのです。

第2章
保護者との関係で悩んだら
その10

はっきり言って“いい保護者”が少ないんです

私の気持ち
- 保護者にイライラさせられることがよくある
- ほかのクラスの保護者がよく見える

こんな感じなんです…

提出物をなかなか出してくれない人やあいさつをしても知らん顔の人、忙しいときに限っておしゃべりから解放してくれない人や、顔を合わすたびに文句ばかりの人…。うちのクラスには、ホントにいわゆる「いい保護者」が少ないように思います。ほかのクラスの先生たちはいつも保護者と笑顔で楽しそうです。

気持ちが楽《ラク~》になる考え方

どんな保護者も保育者次第で「いい保護者」に！

クラスと担任が変わったとたん、保護者のようすがずいぶんと変わることがあります。それは保護者がかってに「いい保護者」に変わったのではなく、保育者が保護者を変えたのです。「人は相手しだいで変わる」といわれますが、保護者もまったく同じです。保護者は、だれでもみんな最初は「ふつうの保護者」。保育者次第で“いい保護者”になったりならなかったりするのです。

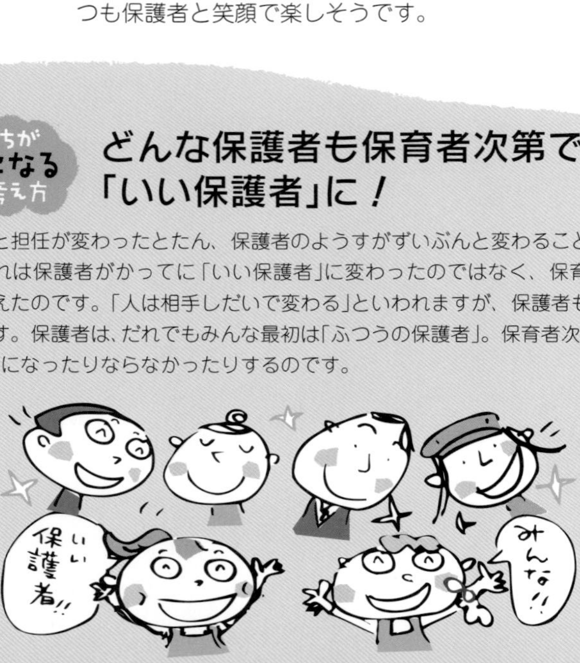

たったこれだけでも保護者は変わる！

プラス思考でいこう！

文句や苦情の多い保護者には
↓
保護者が欲しいのは解決策ではなく満足感。「認め言葉」で笑顔の対応

忘れ物が多いなど、ルールを守るのが苦手な人には
↓
守らないときに言うのではなく、守ったときに褒める

あいさつしても返ってこない人には
↓
「返事があればラッキー」くらいに思う

とにかくよくしゃべる人には
↓
こちらが謝ると、話が終わる

この子の保護者だもん。
かわいいー

第3章

日々、どうしよう…と 悩んだら

幼稚園や保育園で働いていると、
保育以外のことで、
「イヤだなあ」「困ったなあ」
ということが次々とやってきます。
毎日もんもんとしながら
過ごしている先生は、
ぜひこの章を読んでください。
ずいぶん気持ちが
軽くなるはずです。

第3章

日々、どうしようと悩んだら

その1

「イヤだなぁ」「困ったなぁ」と思うことが毎日のように起こります

私の気持ち

- 保護者や同僚からいやなことを言われる
- ミスや失敗が多く、怒られてばかり
- 毎日うまくいかないことだらけ

こんな感じなんです…

　幼いころからのあこがれていた仕事だったとはいえ、幼稚園や保育園って、どうしてこんなにも困ることや悩むことがたくさんやってくるの？「悩みはだれにでもある」とよくいわれるけれど、こう毎日やってくるとねぇ…。

気持ちが楽《ラク～》になる考え方

この悩みも明日の今ごろはもう忘れている

　人はだれでも「困ったなぁ」「イヤだなぁ」と思うことが毎日たくさんやってきます。きのうはもちろん、先週も、そして先月もやってきたはずです。でも、例えば「先週起こった『イヤなこと』『困ったこと』をいくつか思い出してください」と言われたら、人は、ほとんど思い出せません。きのうの「困った」さえ、思い出せないのです。「時間が解決」「しぜんに消えた」など、忘れる理由はいろいろありますが、要するにそのひとつひとつは今思うとぜんぜんたいしたことではなかったから思い出せないの

何が起こっても「何でもないこと」と思おう！

プラス思考でいこう！

「別にかまわない」「何でもない」ということを伝えたいとき関西弁では「かまへんかまへん」と言います。何かがあったとき、人から「かまへんかまへん」と言われると、関西の人はとても落ち着き、ホっとします。

人が「イヤだなぁ」「困ったなぁ」と思うのは、それを「かまわない」どころか「とんでもないこと！」と自分で決めつけているからです。そんなことが起こったときは、まさに「かまへんかまへん」の精神で、その言葉を自分にかけてやり、おおらかな気持ちでいると、ずいぶん楽になります。実際、きょう起こった数々の「困った！」も、そのほとんどは翌日には忘れてしまうほどの、まさに「何でもない出来事」なのです。

です。きょう起こった「イヤなこと」「困ったこと」の数々も、明日の今ごろは、ほとんど忘れています。それならば、今すぐ忘れてもいいのです。いつまでも自分がこだわるから「悩み」になるのです。

第3章

日々、どうしよう
と悩んだら
その2

「どうしよう…」がいつも口ぐせです

私の気持ち

- 本当にどうしていいかわからなくなる
- 困っていても、とりあえず何もできないでいる
- 解決策が見つからず、すぐに人に頼る

どうしよ〜!!
どうしよう…
どうしよう〜
ど…
どうしよ…

こんな感じなんです…

何か困ったことが起きたとき、「どうしよう…」が口ぐせになっています。どうしたらいいかわからないとき、いい解決策が見いだせないときなどは特に言ってしまっています。そんなとき、ホント、どうすればいいのでしょう…。

ラク〜 気持ちが楽になる考え方

解決策はふたつにひとつ、どっちを選んでも「正解」!

困ったことや悩みというのは、どんなことでも解決策は結局、「するかしないか」「行くか行かないか」「言うか言わないか」など、ふたつにひとつしかないものです。例えば、ある人に何かを言いたいけれど言えないで悩んでいるとき、解決策は「伝えたいから言う」「気まずくなるので言わない」のどちらかしかありません。「運動会でしたい種目があるけれど何か言われそう」の悩みの解決策は「やりたいからする」「言われるからしない」のふたつしかないのです。でも、悩んだうえで起こした行動は、どちらを選

とにかく動いてみよう！

困ったことが起きても自分の行動を決めず、「どうしよう…」と悩んで先延ばしにすることは、ある意味とてもラクです。とりあえず現状は大きく変化せず、このままでいられるからです。確かに何か行動を起こすと何かが変わります。とにかく動いてみると、ものごとがいい方向に向いていったという経験は、これまでにもみなさんたくさんしてきたはずです。でも、悩んでいる友人に「こうすればいい」とアドバイスをしても、「それはできない」などと言われたことはありませんか？　そう、「どうすればいいか」は、実は本人がいちばんよく知っているのです。ならば、あとはそのように動くだけです。

んでも正解です。「言わない」を選んだなら、それで気まずくならずに済むし、「言う」を選んだなら、言いたいことが言えて心はスッキリです。どっちを選んでも必ず利点はあるのです。いちばんいけないのは、いつまでも悩み、何も行動を起こさないことです。

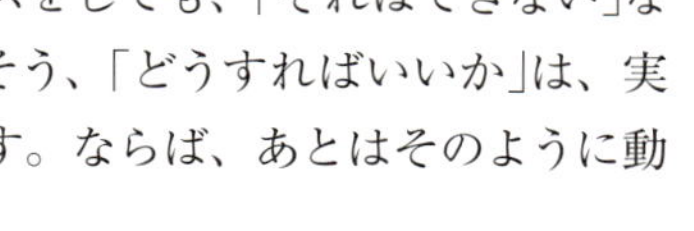

第3章
日々、どうしようと悩んだら

その3

ぜんぜん思うようにいきません…

私の気持ち

- 子どもが言うことを聞いてくれない
- イヤな仕事をすぐに頼まれる
- 意見が通らない

こんな感じなんです…

やりたいことはなかなかできない。なのに、やりたくないことはたくさんやってくる。園長先生にはあれこれ言っても、もうがんこで、ぜんぜん聞く耳を持ってくれないし、ついでにクラスの子どももぜんぜん言うことを聞いてくれない…。ああ、どうしてこうすべてが思いどおりにいかないのでしょう…。

気持ちが楽《ラク〜》になる考え方

自分以外は思うようにならなくてあたりまえ

人はふだん、自分だけは思ったとおりに動いています。例えば、お茶を飲みたいなと思えばお茶を飲むし、ちょっと本屋さんに寄りたいなと思えば、自分の意思で自由に立ち寄っています。何分立ち寄るのかも自由です。そのように、人はだれでも自分だけはおもしろいほど自分の思ったとおりに動きます。でも自分以外になると、それが人であれ自然であれ、自分の思ったようには動いてくれません。それで当然なのです。あなたも、自分の思うようには動いても、他人(ひと)様の思ったようにはぜんぜん動

ズバリ!
解決策!

“しかたがない”とあきらめよう！

スパッ!!
あきらめる!!

プラス思考でいこう!

　今さら願ってもどうしようもないことは、スパッとあきらめると気持ちがとても楽になります。例えばお母さんは、赤ちゃんが話したり歩いたりしてほしいと願っていても、無理だとスパッとあきらめています。だからこそ赤ちゃんにあんなに優しくなれるのです。旅行でハワイに行ったなら、本当はヨーロッパに行きたかったとしても、それをスパッとあきらめると、ハワイ旅行を十分に楽しむことができます。目の前の現状をあきらめきれない人は、ずっと文句ばかりを言っています。「あきらめる」とは、相手を認めること、現状を丸ごと受け止めることです。それができると、人は文句どころか、笑顔さえ出てくるようになってきます。ただし、「いつか世界旅行をしたい」など、自分の努力でかなうかもしれないものはあきらめなくていいんですよ。

いていないはずですから。この世は、自分以外は自分の思うようにならなくてあたりまえ…そう思うと、あれこれ悩まなくてすみます。だって、みんなそうなのですから。

確かに思うようにいかないわね。

第3章
日々、どうしようと悩んだら

その4

楽しいこともあるけれど納得できないこともいっぱい

私の気持ち

- 仕事が忙しすぎる
- 不条理なことで先輩や園長先生にしかられる
- 「やってられない」と思うことがよく起きる

こんな感じなんです…

保育園や幼稚園って、毎日希望がいっぱい夢いっぱい。あこがれの仕事だったし、子どもたちはかわいいしで、楽しいことだらけ。でも…、実はそれと同じくらい、困ったことが毎日の中で起こります。イヤだなぁ、と思うくらいならいいけれど、どうしても納得できないようなことがたくさん起こり、もう辞めてしまいたい気持ちになることも…。

気持ちが楽《ラク～》になる考え方

自分の周りに「笑顔のもと」はたくさんある

人は社会で生きていると、不満に思うこと、ついぐちを言いたくなることがたくさんやってきます。でもそれは、いつどこで働いていてもやってくることです。世の中にはいつも笑顔で楽しそうな人が多くいますが、そんな人にも実はやってきています。ただ、そういう人は、イヤなことが起こっても、それを不満やストレスのもとにしないでじょうずに受け入れているようです。例えばある先生は、園の中で納得できないことや、イヤなことが起こっても「自分は今、夢にまで描いた仕事に就けている」という

まずは「満足探し」から！

子どもたちが毎日あれだけ笑顔でいられるわけは、子どもは自分にやってくるものに対し、まず「満足探し」から入るからだと私は思います。例えば夏のプール遊びは、狭いプールに数十人が入っても、子どもは決して「せまい！」「すぐにぶつかる！」などの文句は言いません。それどころか、「プールはたのしい」「おみずはきもちいい」など、プール遊びの中にある楽しさや満足できる部分をまず見つけ、それを味わおうとするのです。大人は逆に、「不満探し」から入ります。だから大人は文句やぐちが多くなるのです。子どもを見習い、なんでも不満探しから入るのではなく、その中にある「満足できるところ」をまず探し、それを楽しむようにすると、きっと子どものように笑顔もたくさん増えますよ。

ことを思い出し、毎日起こるイヤなことも「その夢がかなったからこそ起こったもの」と、むしろ感謝の念さえ抱くそうです。するとしぜんに笑顔になれるというわけです。人はだれでも、今自分が置かれている環境の中に「笑顔のもと」のほうがたくさん転がっているのです。それを見つけましょう。

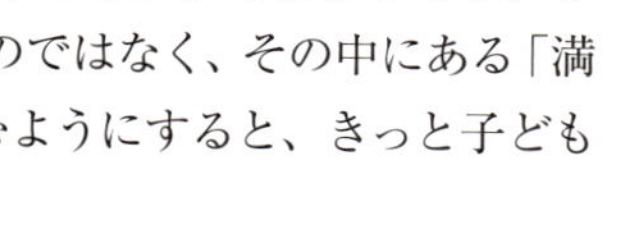

なかなか行動に移せません…

その5

私の気持ち

- 園長先生に言いたいことがあるけれど…
- 運動会でやりたい種目があるのだけれど…
- 職員会で提案したいことがあるけれど…

こんな感じなんです…

人に悩みを相談すると、よく「悩んでばかりいないで、とにかく動きなさい！」って言われるけれど、それができないから困っているのよね。どう動けばいいかわかっているときでも、なかなか行動に移せません…。動くって、けっこう勇気がいるんですよね。

気持ちが楽《ラク～》になる考え方

何もしないでいると「ラク」な代わりに、現状も変わらない

「本当は、自分はこうしたい」「この悩みはこうすれば解決する」とわかっているのにそれができないで悩んでいるときには、ある共通点があります。それは、そうすることで起こる何かを恐れている、ということです。自分がそう動くことで自分が傷ついたり、不利益なことがやってきたりすると思っているのです。動かなければ、とりあえずは何も起こらないので自分も傷つかずにすみます。つまり、やりたいこと、言いたいことをがまんして、いちばん「ラク」な道を選んでいるというわけです。で

恐れていることを紙に書く!

プラス思考でいこう!

行動に移せばやってきそうなつごうの悪いこと。人はそれを恐れてなかなか行動に踏み切りません。ならばその「恐れていること」を具体的に紙に書いてみましょう。例えば職員会で提案したいことがあるけれどできないというとき、恐れているのは「うまく言えないかも」「生意気と思われるかも」「反対されたらイヤ」などが考えられます。でも、それを紙に書いてみると、「ぜんぜんたいしたことではない」「そうなっても平気」「よし、やろう!」という気持ちになり、勇気が出るものです。そして思い切ってやってみると、そういうことは案外起こらず、肩透かしを食うほうが圧倒的に多いものです。問題も解決し、自分の言いたかったこと、やりたかったことができたスッキリ感だけが残ります。人は実につまらないことを恐れて行動しないのです。もったいないことですよね。

もそれでは、現状も何も変わらず、現状に不満な今の気持ちもずっと続きます。

第3章
日々、どうしようと悩んだら

その6

イヤだなあ…と思うことが毎日…！

私の気持ち

- 「ん、もうっ!」
- 「あ～あ!」
- 「ヤダヤダ!」　…な気持ち

こんな感じなんです…

人の悩みというものは、元をただせば「イヤだな」と思うそのひとつひとつがその正体であることが多いものとはいえ、「イヤだなあ」と思うことが、毎日の仕事の中に、生活の中に、たくさんあります。

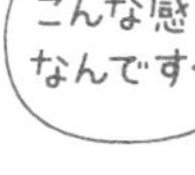

気持ちが楽《ラク～》になる考え方

これは必ず将来の自分の笑い話の“ネタ”になる

どんなにつらい、悲しい、悔しいことも、時がたてば何ともなくなります。それどころか、それが自分のかけがえのない思い出になることだってあります。「今となっては楽しい思い出」と人はよく言います。そのときは「イヤだな」「あ～、悩んじゃう」と思ったものも、将来必ずそれを笑顔で話すときがくるのです。例えば、今日上司に怒られたことも、早ければ半日後にはもうみんなで笑って話す“ネタ”になっています。自分を悩ませ困らせているそのひとつひとつは、自分の感情を害すとんでも

ズバリ!
解決策!

その「イヤだなぁ」は ニコニコのもと！

笑顔のもとはすべてにあるのだ!!

プラス思考でいこう!

「イヤだなあ」と思うものも、状況が変わるとそれを自分の笑顔のもとにしていることがあります。例えば傘がないときにいきなり大雨が降って困った顔をして逃げ惑う人も、友人といっしょのときなら笑いながら逃げ惑います。わが子がソフトクリームを食べ、顔や服にクリームが付くと「もうっ！」と怒る母親も、よその子が同じことをすると笑っています。それは、どんなに「イヤ～な出来事」にも、自分を笑顔にするものが必ず備わっているからです。つらかったはずの出来事が、時間がたつと笑い話になるのは、その出来事の中には、つらさだけでなく、楽しさやおもしろさもたくさんあったからです。悩みなんてすべてそんなもの。自分がかってにイライラのもとにしているだけで、実はすべてあなたしだいでニコニコのもとになるのです。今すぐにでも。

ない出来事では決してなく、実はすべて将来必ず自分の楽しい思い出のもとになる、すばらしい出来事だったのです。

第3章 日々、どうしようと悩んだら その7

「悔し～い!!」ときはどうすればいいですか？

私の気持ち
- 朝、ぎりぎりで電車に乗り遅れた
- 園長先生や先輩にこっぴどくしかられた
- やっと書き終えた書類のデータを消してしまった

こんな感じなんです…

思わず「悔し～い!!」と言いたくなることがよくあります。朝、少しの差で電車に乗り遅れたり、ささいなことで先輩にしかられたり…。でも、どうすることもできずに、あれもこれもがストレスです。

気持ちが楽《ラク～》になる考え方　「むしろこれでよかった」…と思う

悔しくてたまらない出来事も、あなた次第でプラスのことをたくさんもたらしてくれます。例えば電車に乗り遅れたなら、次の電車まで本を読んだりきょうの保育を再考したりすることで、その日の仕事がスムーズに進むかもしれないし、先輩からこっぴどくしかられたなら、自分はあんなしかり方はしないぞ、と誓うことで後輩に慕われるようになるかもしれません。パソコンで書いたばかりの書類を消してしまったなら、(大変ですが)もう一度書いてみると、たいてい前よりも、断然いいも

自分のつごうのいいように考えよう！

有名なイソップ童話『すっぱいぶどう』に出てくるオオカミは、欲しいけれど届かないブドウを「どうせあれはすっぱいに決まっている」と考えることで自分を慰めますよね。この考え方は、心理学では「合理化」と呼び、自分のストレスを減らす、とてもいい方法なのだそうです。そう、自分につごうの悪いことが起こったなら、すべて自分のつごうのいいように考えたらいいのです。自分を見てヒソヒソ話が始まったなら「きっと私の新しい髪型をすてきねと言っている」、イヤな係が当たったなら「これできっと苦手意識がなくなる」、ウマの合わない人と組んだなら「これできっと仲よくなれる」と思いましょう。そんなふうにプラスに考えているとしぜんに笑顔も増え、本当にそれらがプラスに作用していくものですよ。

のができるものです。「悔しさをバネに」という言葉がありますが、悔しい出来事は必ずや人を成長させてくれます。それらの出来事はむしろ起こってよかったのです。

第3章

日々、どうしようと悩んだら

その8

時間が足りません！

私の気持ち

- 保育準備に時間がかかってしまう
- 掃除、室内装飾、書類書き…すべてに時間がかかる
- 次から次へとやることがたくさんある

こんな感じなんです…

保育の仕事は毎日やることがた～くさん。しかもどんな場面でも、それらをごく限られた時間内にやらなければなりません。「仕事はゆったりと…」なんてのんびり構えていたら毎日残業残業なんてことも！
一方、「仕事はテキパキこなしているつもりだけど、時間がいくらあっても足りなくて」と言う人もいます。ああ、時間が欲しい～!?

気持ちが楽《ラク～》になる考え方

仕事は「質」も大切だが「量」も大切

「時間が足りない」という人は、仕事としてそれほど重要でないものにまで時間をかけ、それで時間が足りなくなることが多いようです。例えば子どもの作品を部屋に飾るときでも、場所選び、間隔、飾る順番…そのひとつひとつに悩み抜いているのでは、5分でできることも30分くらいかかってしまいます。「10㎝くらいのカードを100枚作って」と頼まれたからといって、10.3㎝のものは3㎜カットし、どれもぴったり10㎝にしていったのでは、完成に何倍も時間がかかります。周りからも「仕事がていねい」なのではなく、

完璧を目ざさない！

例えば、本人は練習不足で自信のなかったピアノが、聴いた人から「うまいじゃない」と褒められることはよくあるものです。それがある程度のレベルに達しているならば、気になるのは本人だけで、周りから見ても問題は何もないことが多いものです。何ごとも「完璧」を目ざせば、時間はいくらあっても足りなくなりますが、「合格レベル」でいいのなら、もっと早くでき上がります。

「人は実際に行なった仕事量に疲れるのではなく、まだかたづいていない仕事に対して疲れる」といわれます。一日の仕事の中で、それほど重要でないものはすべて「合格レベル」でいいと考え、あまり時間をかけないようにしていくと、それだけ多くのことがかたづき、それに比例して疲れやストレスも減っていくというわけです。

単に「どうでもいいことに時間をかけている」ようにしか見えません。それよりも5分で飾り終わり、早く100枚用意してもらうことを望んでいるものです。子どもが待ってくれない保育の世界では、ある程度の「質」が保たれているのなら、「量」のほうが大切なことも多いのです。

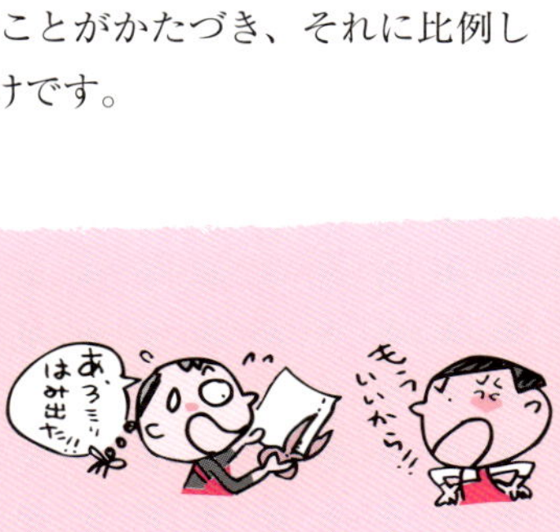

第3章
日々、どうしようと悩んだら
その9

この悩み…だれかに聞いてほしいんです

私の気持ち

- いつもひとりでもんもんとしている
- 聞いてくれる人が周りにいない
- もし、人に話せればどれだけスッとするか

こんな感じなんです…

「夢もいっぱい、ヤル気もいっぱい」でスタートした保育者生活だったのに、がんばればがんばるほどトラブルが発生したり、次々と困ることが起こったり…。だれかに聞いてもらいたい相談したいと思う気持ちでいっぱいです。

気持ちが楽《ラク～》になる考え方

だれかに話すと気持ちもスッキリ！

悩みの解決策は、まずは自分ひとりで抱え込まず、だれかに話すことからといわれています。相手は必ずしも友人でなくてもいいのです。人は、人から悩みを打ち明けられると、たとえ初対面の人でも、真剣に耳を傾け、親身になってアドバイスしてくれるものです。研修会場でのグループ討議、街で偶然出会った高校時代の同級生…、あらゆる機会を見つけて、とにかくまずだれかに話してみましょう。仮にそれで解決策は得られなくても、話すだけでスッキリしたり、話すうちに、解決策を

自分が相談されたらどう助言するか？ それが答えに！

人は自分の悩みはともかく、人の悩みに対してならば、次々といい解決策を思いつくものです。他人のことならば落ち着いて考えることができ、問題点も客観的に見られるからです。そこで自分の悩みも、“もし人からそういう悩みを相談されたら、自分ならどういうアドバイスを送るだろう”と考え、それを実行してみるのです。きっといいヒントをたくさん自分で見つけられますよ。

自分で思いついたりして、がぜん元気が出てくることもあります。人は案外、だれにも話していないことが多いものです。

第3章
日々、どうしようと悩んだら
その10

やりたくない仕事がいっぱいあります

私の気持ち

- 職員会議で嫌いな書記が当たってしまった
- 締め切りが明日の書類作りを頼まれた
- ウンチのお世話なんてホントはしたくない

こんな感じなんです…

毎日働いていると、それが仕事とはわかっていても、できるならばやりたくないなと思うものがたくさんやってきます。また、例えば時間がないときだったり、それが苦手だったりするときは、それが簡単なことであっても「やりたくないなあ」と思ってしまいます。

気持ちが楽《ラク〜》になる考え方

「自分の成長のモトがやってきた、ラッキー」と思う

人は子ども時代から、無数の「やりたくないこと」に出会います。でもそのひとつひとつはなかなか思い出せないものです。なぜなら、やっているときはつらくても、やってしまえばどうってことのないことばかりだったからです。それどころか、それらの経験はすべて自分の成長のモトになっているものです。上の例でも、締め切りが明日の書類作りをこなすのは大変ですが、“速く書く力”はそれで必ずついてきます。嫌いな書記も、経験することで、苦手意識が弱まります。今、子どものウンチのお世話を

ズバリ！
解決策！

その中に楽しみをつくる！

大正解

プラス
思考で
いこう！

やりたくないことをするとき、イヤイヤやっていたのでは、ますますイヤなものになってしまいます。そんなときは、その中に何らかの楽しみを見つけると、それが苦しくなくなるどころか、自分に笑顔さえやってくるようになります。例えば､締め切りが明日の書類を書かなければならないときは、「何時までに書き終えるか予想クイズ開始！　誤差が１時間以内だったなら、ごほうびに高級チョコを食べよう」、子どものウンチのお世話がイヤになったときは、オムツを替える前に「どんな色、形か予想クイズ開始！　よし、軟らかめで、量も少なめと見た！　さぁて開けてみよう。あっ！　大当たりぃー！」と、すべてをゲームのようにして、当たった外れたを楽しむなど、楽しみは自分しだいでいくらでもつくり出すことができます。

しておくと、将来自分の子どものときはほかのお母さんよりもよほどじょうずでラクにできます。それらを経験できる機会を持てて、本当は超ラッキーだったのです。

経験値アップ

第3章
日々、どうしようと悩んだら

その11

自分の意見を言うのが苦手です…

私の気持ち

- ●嫌われたらどうしようと思ってしまう
- ●自分の意見に自信がない
- ●本当は言いたい…

こんな感じなんです…

人前で自分の意見がなかなか言えません。先輩はもちろん、後輩でも、先輩として気づいたことさえ言えません。職員会でも意見はあるのについ黙ったままに…。

気持ちが楽《ラク〜》になる考え方

自分を理解してもらうチャンス

ふだんから、人にどう思われるかを気にする人は、自分の意見を言ったり、ホンネを言ったりするのが苦手なようです。嫌われたらどうしよう？　こんなこと言って怒らないかな？　といったことばかりを気にし、結局は「言わない」を選んでいるのです。それは自分が傷つかなくて済む、ある意味ラクな選択です。でも、それではいつまでたっても周りは本当のあなたを理解してくれません。何かを言えば言うほど、結局はあなたというものが周りに理解されていくのです。

①言い方に気をつければだいじょうぶ!
②みんなは意見を待っている!

じょうずに自分の意見を言う人は、批判的な意見を言っているときでもいやみがなく、謙虚ささえ漂っています。例えば「それはよくないと思うので中止を」と言うときも「よくないかもしれないので、再考していただけると助かります」、「私は行きたくない」と言いたいときも「私は遠慮させていただいてもいいですか」、「それは昨日も聞きました」と言うときは、「もしかしたら昨日お聞きしたかもしれません」。意味は同じでも伝わり方は大違いで、後者ならばだれも気分を害さないどころか、むしろ好感さえ持ってくれます。テレビで、雑誌の中で、実際の生活の中で、いろいろな人の言葉や言い方を細かくチェックし、「いいな」と思った言い方やフレーズは、少しずつ取り入れるようにしてください。自分の意見に、しぜんに自信がついていきますよ。

ふだんあまり意見を言わない人が意見を言ったときは、人はむしろ聞こうと思うものです。人にどう思われるかが気になるならば、かえって何も言わない人のほうが「何を考えているのかわからない人」と思われたりするもの。人はあなたの意見を聞きたくないどころか、むしろ待っているのです。まずは話しやすい人からどんどん意見を言ってみましょう。

第3章
日々、どうしようと悩んだら
その12

人前で話すのが苦手です…

私の気持ち

- みんなの注目を浴びて恥ずかしい
- あの緊張感がとにかくイヤ
- うまく話せなかったら…と思ってしまう

こんな感じなんです…

おおぜいの人の前で話すのがとても苦手です。すぐにあがってしまい、うまく話せなくなるのです。入園式やクラス説明会などで、保護者の前で話すときは、朝から気分が重くなります。

気持ちが楽《ラク〜》になる考え方

人はとにかく「見られる」のがイヤ！

人前で話をしたり、何かをするのって恥ずかしいものですよね。その気持ち、わかります。私は今、おおぜいの前で話すことが仕事のひとつですが、初めのころは、とても恥ずかしく、そのたびにあがっていました。どうして恥ずかしいかというと、みんなが見ているからです。どうしてみんなが見ていると恥ずかしいかというと、どう思われるかな？　うまく話せるかな？　と心配になるからです。とにかく何でも人に見られるというのは、イヤなものですよね。でも、P.83のように

①「だれも気にしていない」と思う!
②「ふつうに動く」と目だたない!

プラス思考でいこう!

友人の結婚披露パーティーに出席して感心したことがあります。それはスタッフの動きです。スタッフは、新郎新婦のテーブルのそばを常に動き回っているのに、ぜんぜん目だちませんよね。その理由は、人はだれもスタッフのことを気にしていないからです。人は少々目だつことをしても、よほど興味を持って見られていないと、何とも思われないのです。だからあなたが保護者の前で話をしても、保護者は「ああ、先生が話している」くらいにしか思っていないものです。せきをしようが、少々話に詰まろうが、何とも思っていません。だれも気にしていないのに、そこでひとりあがって話ができなくなるのは、ばかばかしいですよね。それならもう堂々と、ふつうに話をし、ふつうに動いていればいいのです。もしも「目だたないように」と、結婚披露パーティーのスタッフが腰をかがめて忍者のように移動したり、いちいちペコペコ謝って新郎の前に行ったりしたら、かえって目だつように、あなたも「目だたないように」と思っていると、かえって目だつことをしてしまいます。「いつものように」「ごくふつうに」でいいのです。

プラス思考で考えるようになると、今ではすっかり平気になりました。

第3章

日々、どうしようと悩んだら

その13

園長先生（主任先生）が苦手です…

私の気持ち

- 話が合わない
- すぐに文句を言われる
- 保育の考え方が好きじゃない

こんな感じなんです…

園長先生（主任先生）が苦手です。偉い先生だし、自分の上司なので、うまくお付き合いしないといけないのはわかっているのですが…。考え方も、人間的にもどうも好きになれないのです。

気持ちが楽《ラク〜》になる考え方

トップは「苦手意識」を持たれやすい

組織の上に立つ人というのは、よくも悪くも個性が強く、独特のやり方や考え方を持って仕事を進める人が多いものです。でも、それは悪いことではなく、だからこそ上の立場にいることができている、ともいえます。園長先生クラスともなると、「雲の上の人」のように思えることもあります。そんなとき、人は〈親近感〉よりも〈距離感〉を持ってしまいがちです。その〈距離感〉がしぜんと「苦手意識」となって表れるのです。でも実は、園長先生ってとても親しみの持てる方が多いのですが…ね。

①少数派の立場を理解しよう!
②その人の《いいところ》とお付き合い!

園長先生はもちろん、主任先生、男性保育者、調理師さんなど、少数派の立場である人は、その立場の人でしかわからない孤独感を持っています。園長先生は園の長として、主任先生は上と下の微妙な立場の者として、男性保育者は周りが異性ばかりの中で、それぞれ、人には言えない苦労があるものです。みんなデンと構えているようで、心の中は繊細で、悩みでいっぱいなのです。そこをまず理解してほしいと思います。あなたが「理解者」になったとたん、相手は必ずあなたの「理解者」になり、互いの距離もうんと近づいていくものです。どうしても《苦手な部分》があったとしても、《好きな部分》も探せば必ずあるはずです。「子どもに優しい」「いつも園のためにがんばっている」「よくおごってくれる」など何でもいいのです。その人のイヤな部分はさておき、まずはその人の《いいところ》とお付き合いをするつもりでいるだけでも「苦手意識」はしぜんに弱くなっていき、逆に親しみさえ感じるようになっていくものです。

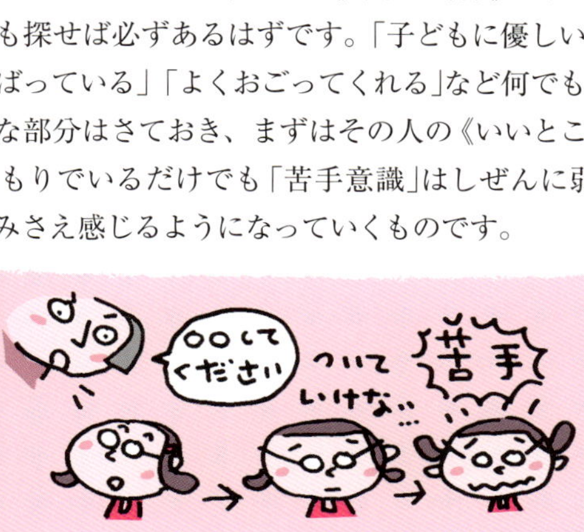

第3章
日々、どうしようと悩んだら
その14

文章を書くのが苦手です…

私の気持ち

- 文章がヘタ
- 書くことが思いつかない
- そもそも人に読まれるのがイヤ

こんな感じなんです…

保育者になって驚いたのが、書く書類の多さです。指導計画にいろいろな記録、日誌やお便りなどを入れると、もう年間1000枚くらい書いている気が…。私はとにかく書くことが大の苦手なんです。

気持ちが楽《ラク～》になる考え方

人はだれでも「書くことは苦手」

ごく一部の人を除いて、人はみんな書くことはあまり得意ではないようです。PTA 冊子などでも、原稿依頼がくるとたいていの人は断っています。園のお便りも指導計画も、先生方は締め切りが近づいてやっと書き始めます。そういう私も、原稿をいつも締め切りギリギリに書いています。文章をいつでもスラスラ書ける人なんてめったにいません。み～んなあなたと同じで苦手なのです。それをがまんしてがんばって書いているだけなのです。

①〈文章〉を書かず〈気持ち〉を！ ②メールのつもりで〈伝えたいこと〉を書こう！

プラス思考でいこう！

例えば園のお便りなどで、ほかのクラスの原稿を読んだりすると、うまく書けてるなあ、と思うことはありませんか？　卒業文集で保護者の文章を読むと、涙するほど感動し、まさに「うまい文章」と思うこともあるはずです。でも、みんな本当は「書くことが苦手」な人ばかりなのです。文というのは、そこに気持ちさえ入っていれば、すべて「うまい文章」のように見えるのです。「お母さんありがとう」しか書かれていない手紙も、母親にとってはずっと残しておきたい「名文」です。書くのが苦手、という人も、メールやブログならば気軽に書いているはず。伝えたいことがあるからですよね。「書くとき」がやってきたときは、「文章」ではなく「気持ち」を書き、〈伝えたいこと〉だけをメールのように気軽に書けばいいのです。指導案や日誌のような公文書も同じです。「こんな保育をします（しました）」という、伝えたいことさえはっきりしていれば、それをそのまま書けばいいのです。それでも書けないという人は、書けないのではなく、伝えたいことが何もないのだと思いますよ。

第3章
日々、どうしようと悩んだら

その15

ピアノが苦手です…

私の気持ち

- 1曲をマスターするのに時間がかかる
- 卒園式のピアノ係になりたくない
- 弾ける曲が限られている

こんな感じなんです…

ピアノがヘタなうえに苦手で困っています。日々の保育の中ではなんとかごまかせていますが、行事などで、みんなの前で弾くときはもう大変。じょうずに弾ける先生がうらやましいです。

気持ちが楽《ラク〜》になる考え方

ピアノではだれでも自分を過小評価する

人はだれでも自分のピアノの力を過小評価する傾向があります。そのじょうずな演奏に聴きほれていると、弾き終わったあと、「ああ、もうメチャクチャ！」と言って嘆いている先生をよく見かけますが、あなたもそのひとりのように思います。ピアノはあくまで保育の補助アイテム。子どもたちが楽しく歌ったり動いたりするときのお手伝いができていればいい、くらいに思い、難しく考えないようにしましょう。最低バイエルはマスターしているはずだし、採用試験にも受かっているのです。自

ズバリ！解決策！

①練習は自分を裏切らない！
②「苦手」でも「嫌い」でなければOK！

プラス思考でいこう！

実は私は、ピアノを習ったことがありません。今でも簡単な童謡曲ですら、初見では両手で弾けません。その程度ならOKという人（ほとんどの先生）がうらやましいです。でも、保育士をしていた23年間、現場で困ったことはなく、それどころか「ピアノがうまい先生」で通り、卒園式では5回もピアノ係を担当しました。理由はふたつ。「弾けるまで練習する」のと「ピアノが好き」だからです。私は楽譜を見ながら…ができないので、どんな曲でも、ほぼ完璧に暗譜するまで練習します。マスターするのに人よりも時間がかかりますが、しかたありません。ただ、ピアノが好きで、それが苦にならないのです。ただし猛練習は避け、毎日1時間。それだけでも必ずうまくなります。ピアノは少々間違っても、途中で止めさえしなければ、人からはうまく聞こえます。それならOKというなら、もうだいじょうぶです。あとひとつ、ピアノは「苦手」でもいいので、決して「嫌い」にはならないこと。人でもなんでも「苦手意識」をなくすいちばんの近道は、「好きになること」です。そう思えた時点で、苦手意識はなくなり、むしろ楽しくさえなっていくものです。

信を持っていいのです。子どもや保護者は案外「ピアノがうまい先生」と思っているかもしれませんよ。

第3章
日々、どうしようと悩んだら
その16

行事が苦手です…

私の気持ち
- 行事は負担が大きい…
- 当日はなぜか緊張してしまう

こんな感じなんです…

　年度の後半は園の大きな行事がめじろ押しです。運動会を皮切りに、作品展、音楽会、発表会、そして卒園式。行事が苦手な私にとってはゆううつな季節です。

気持ちが楽《ラク~》になる考え方

だれでも見られるのはイヤなもの

「私は行事が得意です」という先生はまれです。たいていの先生は、基本的には行事が苦手です。でも同じ行事でも、七夕祭りや遠足、クリスマス会やもちつきは大好き、という先生は多いもの。そう、行事は行事でも、保護者参加型の行事が苦手なのです。だから同じ遠足でも、親子遠足だけは苦手なはずです。どうしてそれらの行事が苦手かというと、保護者に自分の保育を見られる気がするからです。だれでも「見られる」というのはイヤなものなのです。

ズバリ！解決策！

行事があるから助かっていると思う！

プラス思考でいこう！

誕生会といった小さな行事を入れると、園には毎月数本は行事があります。行事は先生方にとって、確かに負担が大きいかもしれません。でも、もしも園に行事がなかったら、私はそのほうがよほど大変だと思います。行事に向かって…つまりやるべきことがある程度決まっているというのは、むしろ助かっている部分が多く、もしも行事がなければ、「今日は何をしようか…」と考える毎日になると思います。行事に感謝？し、その行事を自分が楽しむつもりで取り組めばいいのです。先生も子どもも笑顔になるような取り組みを考え、その行事をまずは、あなた自身が思いっ切り楽しんでほしいと思います。

あきらめる!!
スパッ!!

第4章

保育のことで悩んだら

保育に関するさまざまな悩みを、
月を追いかけながら
まとめてみました。
園長先生にもわかってもらえない、
また今さら同僚にも
聞けないようなものばかりです。
読んだ後は肩の荷が下り、
明日からの保育が楽しみになること
まちがいなし！　です。

第4章
保育のことで悩んだら

4月

この1年うまくやっていける自信がない…

私の気持ち

- 希望したクラスではなかった
- 初日から大変なクラスであることが判明
- 苦手なタイプの保護者がたーくさんいる

こんな感じなんです…

新年度を迎え、担当するクラスも子どもも変わる4月は、すべてが新しくフレッシュな気分になります。でも反面、漠然とした不安が頭をよぎるのも4月です。4月早々気分がゆううつになったり、不安や悩みがたくさん現れ、眠れなくなったりします。

ラク～ 気持ちが楽になる考え方

3月ごろには、幸せいっぱいの気持ちになっている

4月は不安感いっぱいでスタートしたはずなのに、年度末の3月ごろには、楽しかった思い出でいっぱいで、最初の悩みがウソみたい！　このクラスの担任でよかった！

そう思った経験はありませんか？　今年も心配ご無用です。今は不安でも、3月ごろには必ずそんな気持ちになっているはずです。

なんでも最初のうちはわけのわからない不安に襲われるものです。が、クラスでこれから起こることは、悩みどころか、後で“すばらしい思い出”といえるようなイイ

実際に起こってもいないことには悩まない！

プラス思考でいこう！

不安や悩みというのは、「こんなことにならないかなぁ」と、自分の心の中に漠然と起こる出来事（つまり想像）です。実際にはそんなことは何も起こっていないのに悩んでしまうのです。つまり、人は現実には何も起こってもいないことにかってに悩んでいることが多いのです。心配したようなことが何も起こらなかったとき、「あれだけ心配して損をした」と言う人がよくいますが、まさにそうです。実際には起こってもいないことに悩んでばかりいたのでは、それこそ心がいくつあっても足りません。実際に起こったものにだけ（起こってから）悩むようにすればいいのです。気分はうーんと楽になりますよ。

ことばかりなのです。4月って、本当は悩むどころか、あれもやりたいこれもやりたいとたくさん夢を持ち、ドキドキワクワクの期待感でいっぱいになってもいい月なのです。

第4章
保育のことで悩んだら

4月

忙しい4月がキライです！

私の気持ち

- 「ワクワク」よりも「ドキドキ」が勝る
- 4月のあの大変さは、考えただけでもイヤ！

こんな感じなんです…

4月がくるたびにうんざりします。4月は子どもたちは落ち着かないし、新入園児は泣くばかり。保護者との関係はいちからつくらないといけないし、指導計画をはじめとする書類書きも山ほどある…、思い出すだけでも頭が痛くなります。

気持ちが楽《ラク～》になる考え方

4月のがんばりは、必ず報われます！

幼稚園も保育園も、新年度の始まりの4月の保育は大変です。子どもは言うことを聞いてくれないし、クラスもなかなか落ち着かない。なのに、やることだけは多くあり、4月の保育者は大忙しの毎日となります。でも、この1年がうまくいくかどうかは、実はこの4月をどう乗り越えたかにかかっています。何かと大変な4月ですが、その1か月のがんばりはすべて報われるのです。

忙しさで、とても長く感じる4月も5月以後は時間が早く感じられ、あっというまに3月がやってきます。この忙しさも今だけ…。そう思って、その大変さを、むしろ十分に楽しんでほしいと思います。

はじめが肝心！

②丸ごと認める

①最初が肝心

③笑顔を忘れない

プラス思考でいこう！

何事もはじめが肝心！　その年度の保育がうまくいくかは、4月の保育にかかっています。でも逆に言えば、4月の保育がうまくいけば、そのあとずっとうまくいくということです。そうなったとき、「4月にたくさん苦労しておいてよかった」ときっと思うようになります。みんなの不安やとまどいが集まりやすいのが4月です。そんな気持ちを十分に理解して受け止め、クラスや担任に対して安心感を持ってもらうようにしましょう。ポイントは３つ。①最初が肝心：保育者の印象は、大げさに言えば初日に決まります。子どもたちに対する言動には十分注意し、4月のうちに「このクラスになってよかった」「先生、だーい好き」状態にしましょう。②丸ごと認める：子どもも保護者も、そのすべてをありのまま受け止め、丸ごと認めていくようにしましょう。それだけで大きな信頼感と安心感を得ることができます。③笑顔を忘れない：笑顔でいるだけで、人は安心し、集まってきます。

第4章
保育のことで悩んだら

4月

新入園児に振り回されています

私の気持ち
- クラスがまさにパニック状態
- ネコの手も借りたいほど忙しい

こんな感じなんです…

新入園児の対応に困っています。

初めての園生活に毎日泣いてばかりいる子どもや、自分のことができない子ども、なかなか園になじめない子ども…などがいて、それぞれの対応に手がいくつあっても足りません。

新入園児の気持ちは…

知らないところは、だれだって不安なもの

それまで家庭で過ごしていた新入園児にとって、園での生活は初めてのことだらけ。保護者と長時間離れるという経験も初めてならば、集団生活も初めての経験。それまでとはすべてのかってが違い、表現方法は違っても、その不安感が、さまざまなサインとなって現れているのです。

子どもの姿を丸ごと受け入れる！

プラス思考でいこう！

毎日泣いてばかりの子どもには➡安心感を与える

新入園児が泣くことが多いのは、園に対して なんらかの不安感を持っているからです。ひとりひとり違う不安の原因を探り、それを具体的に取り除いてやり、園や保育者に対して安心感を抱かせてやるのがいちばんです。

自分でできない子どもには➡少しずつ、手伝う部分を減らす

例えば服のボタンなら8割はめてやるなど、最初は「ほとんど手伝う」から始め、手伝う部分を徐々に減らし、いつのまにか全部ひとりでできた、となるようにしましょう。自信がつきます。

なかなか慣れてくれない子どもには➡その日がくるまで見守る

子どもは、単に新しい環境に慣れていないだけです。家に帰ったらお母さんに何でも話していたということも多いもの。子どもの姿を丸ごと受け止め、無理強いはせず、しぜんに慣れてくるその日を待ちましょう。

進級児ばかりのクラスなのに、まったく落ち着きません

私の気持ち

- もう○○組さんなのに…と思ってしまう
- 3月はあれだけ落ち着いていたのになぜ…

こんな感じなんです…

3月までは、クラスはとても落ち着き、まとまっていたのに、新年度を迎えたとたん、信じられないくらい落ち着きがなくなってしまいました。それに今までできていたことができなくなったり、急に甘えてくるようになったりしています。

進級児の気持ちは…

うれしい気持ちと、新しい環境へのとまどい

進級児は、「ひとつ大きいクラスになった」「あこがれの○○組さんになった」など、進級したことがうれしくてしかたがありません。でも、部屋や担任が変わり、今までのやり方やようすも微妙に変わり、その変化へのとまどいとストレスから、3月までには見られなかった態度やようすを見せることが多くなっているのです。

ズバリ!
解決策!

「すべてOK!」のおおらかな気持ちで、受け止めて!

プラス思考でいこう!

クラス全体が落ち着かなくなったら➡クラスを、いちからつくるつもりで

部屋も保育者も変わり、園のすべてがリセットされたかのような新年度は、保育者も「クラスをいちからつくる」くらいのつもりでいたほうがいいようです。

よーし、
わたしいちから
まとめていこう!

できていたことができなくなったら➡今だけ、とおおらかな気持ちで

4月は子どもたちの緊張が少しほぐれるとき。こんなときは逆に、子どもたちのふだんのがんばりを認め、今だけなら、とおおらかな気持ちで見守っていると、すぐにまたきちんとできるようになっていきます。

あれっ、
だれも
こない…
集まれー!
ワイワイ
ま、いいか、
きっと
今だけ

みんなが甘えてきたら➡すなおに受け止める

子どもは、自分の前にやってくる人に対して、「この人はどんな人かな」ということを探るための「試し行為」をよくします。そのため、最初は子どものほうから甘えてきます。子どもの甘えは受け止めてこそ、信頼感を得られ、「大好き」になってもらえます。

ぼくも~
わたしも~
せんせい!
きせてー
あらあら、
赤ちゃんみたい。
はいはい

4~5月

1か月が過ぎたのにクラスがぜんぜんまとまっていません…

私の気持ち

- もう5月なのに、と焦ってしまう
- 自分の力量のなさを感じる

こんな感じなんです…

目が回るほど忙しかった4月が終わり、ゴールデンウィークでホッとひと息。新年度も1か月が過ぎ、クラスも落ち着いたかなあ、と思いきや…。子どもたちは、余裕も出てきて好き放題。落ち着くどころかクラスは4月となんにも変わらない状態です。クラスを早くまとめようと、あんなに苦労したこの1か月の保育はなんだったのでしょう…。

今のあなたの気持ちは…

子どもたちを「みんな」という意識で見てしまう

4月は、クラスを早くまとめたい、落ち着かせたいと思う先生ほど、クラス「全体」を相手にした保育を進めてしまいがちです。子どもたちを「みんな」という意識で見ていると、ひとりひとりを見つめる機会が減り、目だつことをする一部の子どもに気を取られます。その結果、数人が泣いているだけで「みんな、泣かないで」、数人が暴れているだけで「みんな、静かに！」。そうでない子どものほうが圧倒的に多いのに全員がしかられることも多くなり、それでは「みんな」落ち着かなくなってきます。結局4月の1か月間、担任がいつも「みんな」と向かい合ってしまい、結果ひとりひとりとはつながっていなかったとき、子どもの気持ちは不安定になりやすく、5月になってもクラス全体がまだ落ち着かないのです。

ズバリ！解決策！

子どもひとりひとりと小さなかかわりを！

プラス思考でいこう！

4月の保育で大切なことは、「みんな」といい関係をつくることではなく、子ども全員と1対1の人間関係を（人数分）早くつくることです。すると、いつのまにかクラスのみんなといい関係ができています。職場でも、職員「みんな」とうまくいっている人は、職員ひとりひとりといい関係をつくっているものです。子どもは、「自分に優しい」「自分と遊んでくれる」「自分の気持ちをわかってくれる」人を慕います。それは心が落ち着くからです。今からでも遅くはありません。その子どもとだけ話をする、遊ぶ、手をつなぐ…何でもいいのです。ほんの10秒でもOK。子どもが「先生の気持ちが自分だけに向いている」と思えるような、ふたりだけのエピソードを子どもひとりひとりと毎日たくさんつくるのです。どの子どもも、園での心の居場所が「先生」になったとき、クラス全体がしぜんにうまくまとまっていくものです。

第4章
保育のことで悩んだら

5~6月

苦手な保育参観がもうすぐやってきます…

私の気持ち

- 自分の保育を見られて、どう思われるか気になる
- うまくいくかどうかが心配

こんな感じなんです…

5月から6月にかけて、保育参観が実施される園も多いと思います。でも、私は「自分の保育が見られるのは何となくイヤ」で、「保護者に見られると緊張してしまう」のです。最近は、保護者が保育に参加する「保護者参加型」も増えていますが、保育を見られることに変わりなく、よけいに緊張します。

今のあなたの気持ちは…

「見られる」ことがプレッシャー

「保育参観が好き」という先生はほとんどいないものです。どうしてイヤかといえば、自分の保育を見られるからです。見られるからには、「よく思われたい」という心理が働きます。すると、その日は「いい保育」、「すばらしい保育」をしないといけないと思います。「失敗するわけにはいかない」「しっかり準備をして、段取りよく進めないと…」、いろいろなことを思ってしまいます。それらすべてがプレッシャーとなってくるわけです。

保護者が気になるのは「わが子」のみ。気にせず、子どもを笑顔にすることだけを考える!

プラス思考でいこう!

保育参観だからといって、緊張する必要は何もありません。保育参観で保護者が見ているのは、先生の保育ではなく「わが子の姿」だからです。当日の保育がどんなに準備不足でも、保育の組み立てや流れがどんなに悪くても、保護者は何も気にならないものです。気になるのはわが子のみ。「あっ、シャツが出ている」、「どうして手を上げないのかしら」、「あっ、できないで困っている、手伝ってあげたいなあ」…、最初から最後までずっとそんな感じです。保護者にとっての「いい保育」とは、わが子がのびのびと楽しんでいる保育、わが子が笑顔になっている保育です。その日の保育内容は、難しいことはしないで、子どもたち全員が「うまくできた」、「楽しかった」を感じられるものをたくさん取り入れることです。すると、しぜんにクラスの中に子どもの笑顔が満ちあふれ、保護者も大満足します。保育参観は「子どもの笑顔を見てもらう日」くらいに考え、気軽に臨みましょう。

第4章
保育のことで悩んだら

6~7月

プール遊びって なぜか気が重い…

私の気持ち

- プール指導って案外難しい
- 去年やってみてとても大変だった

こんな感じなんです…

夏の遊びの中で、子どもたちがいちばん好きな遊びといえば、なんてったってプール遊びです。でも子どもの笑顔とは裏腹に私にとっては、「プール遊びはたーいへん！」で、「プール遊びが悩みのタネ」なのです。

今のあなたの気持ちは…

楽しさとは裏腹に やることの多さにあたふた

プール遊びは、子どもたちにとっては楽しい遊びですが、先生は大変です。プールの準備、自分と子どもの着替え、シャワー、遊びの指導、そして再びシャワー、着替え…。やることがたくさんあるうえ、そのひとつひとつに衛生と安全に対するこまやかな配慮が必要なので、プール遊びは先生は心身共に疲れます。また、プール遊びは各年齢で違ったねらいがあり、子どもたちをただ遊ばせていればいいというものではなく、年齢ごとに遊ばせ方が違い、そういうところも難しいものです。プール遊びは、見た目の楽しさとは裏腹に、ふだんの遊び以上に取り組みが難しく、それで頭を悩ます先生も多いようです。

10分の余裕を持って取り組む！

プラス思考でいこう！

プール遊びは、プールに入るまでの準備とプールから上がってからが忙しく、時間との闘いのようになります。入る時間がクラスごとで決められていることが多いため、ついそうなってしまうのです。プール遊びは、決められた時間の前後に10分ずつの余裕を持つだけで、子どもも先生もゆったりと楽しめるようになります。例えば子どもの着替えとシャワーだけで、ひとクラス最低10分はかかるものですが、プール開始時間の10分前に着替えの号令を出したのでは、そのあと目が回るほど忙しくなります。プールから上がった後も、次の活動までに時間がないと、てんてこまいになってしまいます。でも、それぞれ10分の余裕を持って臨んでいれば、気持ちにも時間にもかなりの余裕が出てきます。プール遊び自体は、子どもたちをプール内で自由に遊ばせる時間と、ねらいを持った意図的な遊びがちょうど半々になるような計画をたててみましょう。遊びの中にめりはりが出て、より楽しいプール遊びになります。

第4章
保育のことで悩んだら

7~8月

異年齢児保育って難しい。どうすればいいですか？

私の気持ち

- 混乱するだけでまとまらない
- いつも小さなトラブルが多く発生する

こんな感じなんです…

8月になると子どもも保育者も少なくなることが多いので、異年齢児保育、いわゆる「たてわり保育」を行なうことが多くなります。日常的に行なっている園や、預かり保育や延長保育の際は毎日、という園もありますが、私には「異年齢児保育ってややこしい…」としか思えません。

今のあなたの気持ちは…

それぞれの子どもの年齢に応じたかかわりに混乱

例えば同じ10人でも、同年齢の子どもたちが10人いるのと異年齢児が10人集まるのとでは、保育の難しさはずいぶん違ってきます。幼児は、年齢がひとつ違うだけで、その姿やようす（興味・反応・理解度など）がぜんぜん違うからです。異年齢児保育では、あらゆる場面でそれぞれの子どもの年齢に応じたかかわりやことばがけが必要で、それを怠ると混乱が待っています。そういう意味では、同じ年齢がひとつのクラスになっているふだんの保育は、保育者にとっては、実はとてもやりやすい「システム」であるともいえます。

ズバリ！解決策！

小さな子どもに合わせた保育をする！

プラス思考でいこう！

異年齢児保育でやってしまいがちなことが、「大きな子どもに合わせた保育をしてしまう」ということです。小さな子どもに配慮をしているつもりでも、実際はつい大きな子どもに振り回されています。例えば、「この絵本を読みましょう」と言ったとき、子どもの中から「それ読んだ」「その本、ヤだ！」という声が返ってくると、「じゃあ」と言って絵本を換えてしまいます。小さな子どもはそれでよかったかもしれないのに、です。保育者は、ついつい具体的に出てきた声に合わせた保育を進めてしまい、反応の乏しい小さな子どもの動きや気持ちには気づきにくくなってしまうのです。それが全体の混乱を招く原因のひとつになります。逆に小さな子どもに合わせた保育を進めると、大きな子どもにとっては、「簡単！」「できた！」を味わえる機会が増え、自信を持つようになり、逆に小さな子どもへの気配りもしぜんに出てきます。大きな子どもを、最初から「小さな子どものお世話係」と位置づけると、保育者は指示言葉や否定言葉がつい多くなってしまい、余計に混乱が生じることもあるので気をつけたいものです。

8~9月

もうすぐ運動会、どうしたらいいでしょう!?

私の気持ち

- 「上半期の保育のまとめ」と考えると頭が痛い
- 園で一番大きな行事なので、プレッシャー

こんな感じなんです…

9月は運動会のことで頭がいっぱいになっています。プールが始まるころから気になり、夏休みの期間も運動会が気になって、ゆっくり休んでいられません。「どんな種目をしようかな」「うまくいくかな」「どんなふうに指導していけばいいのかな」…悩みは尽きません。まだ何もしていないうちからすっかり疲れてしまいます。

今のあなたの気持ちは…

考えれば考えるほど難しく思える

運動会は、園にとっても先生にとっても、1年のうちでもっとも大きなイベントのひとつです。来賓や保護者の方をお招きし、子どもたちの成長を見てもらう大切な行事でもあります。見られるからには、「いいものにしなければ」、「楽しいものにしなければ」と思います。そして考えれば考えるほど、難しく思え、だんだんプレッシャーになってくるのです。運動会で悩まないためには、運動会というものを難しく考えないことです。先生の考え方ひとつで、運動会は、とても気軽に楽しく取り組めるようになるものなのです。

運動会は、「子どもたちが運動遊びに興味を持つきっかけになるもの」。気軽に取り組む!

プラス思考でいこう!

子どもたちは、運動会を経験すると、うんと成長し、運動遊びにもがぜん興味を持ちだします。体を動かして遊ぶことが好きになり、運動会の後、自分たちでかってにリレーやかけっこをやり始めることもあります。運動会が楽しく、運動会によい印象を持った子どもほどそうなります。運動会で大切なことは、子どもたちにいかに難しいことをさせたかではなく、いかに子どもたちが楽しく取り組んだかなのです。そのためには、運動会の当日はもちろん、毎日の練習が子どもの笑顔あふれるものになることが大切です。当日も、ふだんの練習の中にも、子どもたちにたくさんの笑顔があれば、その年の運動会はそれだけでもう大成功です。運動会は、「これまでの運動遊びの集大成」、「子どもの成長の発表の場に」などと考える必要はありません（集大成にするほど、8月までに運動遊びはそれほどやっていないものです）。秋以降、子どもたちが運動遊びが大好きになる、そのきっかけとなるもの…くらいに考えて、気軽に取り組んでほしいと思います。

第4章

9~10月

今年も半年が過ぎたのに、実は相棒の先生とうまくいってません…

私の気持ち

- そのおかげで仕事自体が楽しくない
- できるなら仲よくやっていきたい

こんな感じなんです…

　複数担任のクラスになったのはいいけれど、相棒の先生とはどうしてもうまくいきません。

　考え方が根本的に違うし、言うことすることのすべてが互いに気に入らないみたいです。今年度もあと半年もあるし、このままではいけないことはわかっているのですが…。

今のあなたの気持ちは…

相棒の先生と距離を取っていませんか？

　先生方にとって、保育園や幼稚園というのは、ありのままの自分がさらけ出される職場です。互いの性格や考え方、価値観といったものすべてが出てしまうところなのです。それがいわゆる「普通の社会」とは違うところです。だれかといっしょにひとつのクラスを持つ、ということは、互いのすべてを見せ合いながら「生活」をしているのと同じなのです。人と人とがいっしょに「生活」をすると、必ず「合う」「合わない」が出てくるものです、これは複数担任クラスの宿命なので、どうすることもできません。その中でいかにうまくやっていくか、が大切なのです。

必ずある、相手のいいところを見つける！

プラス思考でいこう！

人には必ずいいところがあります。まずそれを探すのです。「子どもには優しい」、「仕事が早い」、「時間は必ず守る」、「字がきれい」、何でもいいのです。あなたが尊敬できる点、「いいな」と思える点がいくつも見つかるはずです。そして、それを口に出して褒めます。イヤなところがその10倍あったとしても、です。すると相手も必ずあなたを褒めようとします。そんなことが繰り返されると、互いの距離が縮まり、気になっていたことも気にならなくなるから不思議です。それもできないというならば、相手ではなく、あなたが感情的になっていることが考えられます。考え方がぜんぜん違うときは、話し合う場を一度持ちます。苦情を言い合うのではありません。自分の考え方を話し、まちがっていたら教えてほしいという態度で臨みます。そういう謙虚な姿勢が相手の心を動かし、歩み寄りというものが生まれ、互いの理解が深まっていきます、互いの考えは何も話さず、ただ嫌い合うのがいちばんよくないことです。

第4章

保育のことで悩んだら

10~11月

行事に追われる保育になってしまいます

私の気持ち

- 本当にやりたい保育ができない
- 子どもがかわいそうに思うことも

こんな感じなんです…

夏以降は、行事に追われる保育になってしまってもうタイヘン！　七夕、プール、夏祭りと続いて、秋になったら運動会。運動会が終わったと思ったら、遠足・イモ掘り・作品展でそのままクリスマスに突入！　年が明けたら明けたでお正月遊びに発表会…あっというまに卒園式を迎え、自分のやりたい保育というものがなかなかできません。

今のあなたの気持ちは…

余裕がなくなってしまう

私たち日本人は、季節の移り変わりを感じながら1年を過ごしています。それぞれの季節には、その季節ならではの風物詩があり、保育園・幼稚園で行なわれるいわゆる「行事」もそのひとつだと思います。子どもたちはそれらの「行事」を通して、季節を体で感じることができるともいえます。園で行なわれる行事は、子どもにとって楽しいものが多く、子ども自身を成長させるものが多いのですが、行事に追われて、子どもも先生も余裕のない毎日を送ってしまっては、まさに本末転倒。行事はあくまでも子どもを主体にして取り組みたいものです。

「自分らしさ」を入れながら まずは自分自身が楽しもう！

プラス思考でいこう!

行事に追われないで自分のやりたい保育をやりたいという気持ちもわかりますが、まずは、そのひとつひとつの行事を自分も楽しむようにしてほしいと思います。行事は本来楽しいものです。例えば学生時代でも自分が作り手になったときは、体育祭や文化祭など、大きな行事であればあるほど、やりがいも楽しみも大きかったのではないでしょうか？　それは自分自身が楽しんでいたからです。園の行事では、その取り組みの中に「自分らしさ」や「やりたい保育」を入れていけばいいのです。自分ならではのオリジナルなアイディアをどこかに盛り込んだり、ほかの先生にはできない自分ならではのやり方で進めたりして、行事に振り回されるのではなく、その行事を、自分らしさを発揮する場と考え、自分自身も楽しむのです。「行事」を難しく考えず、ほかの遊びと同じように「子どもを笑顔にすること」をいちばんに考え、気軽な気持ちで臨んでほしいと思います。

第4章
保育のことで悩んだら
12月

年末はやることがたくさんあって大忙しです

私の気持ち

- あれもできていない…
- これもしなくちゃいけない…

こんな感じなんです…

今年も忙しかった1年。でも、年末くらいはバタバタしないで、今年をゆっくり振り返るくらいの余裕が欲しい…と思ってはみるものの、12月は、今まで以上に走り回る毎日になってしまいます。まさに師走（しわす）です。するべきこと、やるべきことが山ほどあり、体調を壊す先生も少なくありません。

今のあなたの気持ちは…

本当はゆったりと新年を迎えたい

12月といえばクリスマス。夢のある楽しい行事ではありますが、運動会や作品展と同じく、園をあげての取り組みになりやすく、12月はクリスマス関係だけでも忙しくなります。ましてや発表会を兼ねている園は大忙しです。無事に終わっても、お正月準備や大掃除が待っています。期の終わりでもあるので、提出書類もたくさんあります。プライベートでも、パーティーや年賀状書きと、たくさんあります。そうやって公私共にするべきことがたくさんあるのに、年末休みなどの関係であっというまに終わってしまうのが12月です。すべてを終え、子どもたちとゆったりと『お正月』の数え歌をうたいたいなと思っても、そんな余裕はなく、気がつけば保育最終日がやってきます。

少しでも取りかかっておく！

プラス思考でいこう!

「人は、実際にやった仕事の量の多さに疲れるのでなく、まだやっていない仕事の量の多さに疲れる」。そう言ったのはD・カーネギーですが、まさにそうだと思います。12月はふだんの保育に加えて、提出書類・新年の準備・大掃除・年賀状…と、まだできていないものの多さに疲れてしまうのです。そこで、それらに少しでも取り組んでおくのです。でも体はひとつしかないので、気持ちだけ取りかかっておきます。時間はかけなくてもかまいません。例えば、お正月の装飾はイメージだけは持っておく、大掃除は段取りだけは考えておく、提出書類は用紙を見えるところに置き、年賀状はハガキと宛て先のリストだけは用意し、それぞれいつでも書けるようにしておく…。たったそれだけでも、半分済んだような気分になれるうえ、実際に取りかかったとき、いちから始めるよりも、とてもスムーズに進みます。いずれもやってしまえばぜんぜん疲れないどころか、むしろ気分はスッキリ！　です。

ポイントは、「まず、動くこと」です。

第4章
保育のことで悩んだら

1月

お正月遊びって、難しい…！

私の気持ち

- お正月遊びの取り組み方がよくわからない
- 子どもたちもじょうずに遊べていない気が…

こんな感じなんです…

楽しいお正月がやってきました。お正月といえば、お正月遊び！　子どもたちが大好きなお正月遊びは、たこ揚げ・カルタ・こま回し。すごろくや羽根突きもあります。でも、お正月遊びって、子どものようすをよく見てみると、十分に楽しめている子どもは案外少なく、一部の子どもだけで盛り上がっていることも少なくありません。せっかく子どもたちがいつでも自由に遊べるように出しているのに、結局遊んでいるのは年長さんばかり…です。

今のあなたの気持ちは…

子どもたちが十分に楽しめているかをチェック！

お正月遊びというのは、そのどれもが、やってみると案外難しく、子どもたちが十分に楽しめないようなものが多いものです。一見華やかで楽しそうに見えるので、子どもたちも最初は飛び付きますが、すぐに飽きてしまうことがよくあります（特に４歳児以下の子ども）。例えば羽根突きやこま回しは、年長児でも難しいものです。すごろくは、基本のルールさえわかっていない子どもが多くいます。文字が読めるのを前提にして遊ぶカルタはなおさらです。子どもは自分がうまくできないもの、楽しめないものには、お正月遊びといえどもすぐに興味をなくしてしまうのです。

ズバリ！解決策！

「できた！」の気持ちが味わえるよう遊び方を変える！

プラス思考でいこう！

例えば、こま回しは、子どもは自分のこまが回ることがうれしいのです。ひもで回すのは難しくても、指でなら2～3歳の子どもでも回せます。ひものこまにこだわらず、指で回すこまをたくさん用意してほしいと思います。文字の読めない子どもにカルタを楽しませるには、書かれてある文字は無視して、先生が絵の模様を言葉で言い、それを子どもが探すというルールにすると、2歳児でも楽しめます。すごろくは「1回休み」や「振り出しへ戻る」などのルールが子どもを混乱させるので、それらは無視し、単純にサイコロで出た数だけひたすらゴールに向かって進むというルールにすれば、3歳児でも喜んで行ないます。たこ揚げは、2歳～3歳の子どもは、レジ袋にひもを付けて走るだけで喜びます。既成のルールや遊び方にこだわらず、子どもが「できた！」という満足感を味わえるよう、年齢に応じた遊び方に大胆に変えていくことがポイントです。お正月遊びを楽しむ家庭は年々減っています。幼稚園・保育園だけでもたっぷりと楽しませてやってほしいと思います。

第4章

保育のことで悩んだら

2~3月

つい「もうすぐ○○組さんなんだから…」って言ってしまいます

私の気持ち

- 年度末が近づき焦りを感じている
- 子どもたちの「できていないところ」が気になる

こんな感じなんです…

2月になり、クラス担任として焦り出しています。終業式や卒園式も来月に迫り、今年度もあと2か月。そんなとき、子どもに「もうすぐ○○組さんなんだから…」「もうすぐ○○組さんなのに…」とよく言ってしまいます。

今のあなたの気持ちは…

励ましの言葉のつもりが「否定言葉」に

年明けから卒園式までって早いですよね。それこそあっというまに過ぎてしまいます。それを経験的に知っている先生にとっては、2月はもう終わりの月も同然のような感覚になってしまい、さまざまな焦りを感じ始めます。「もうすぐ進級だというのに、まだクラスに落ち着きがない」「できていないことが多く、次の担任に申し訳ない」…、つまり「これでいいのだろうか」という焦りが出てくるのです。その焦りからこの時期、つい言ってしまうのが、「もうすぐ○○組さんなのに…」とか、「そんなことでは○○組さんになれないよ」といった言葉です。でもそれは、先生は励ましのつもりで言ったとしても、子どもにはそう伝わらず、むしろ否定されたように感じ、反対に自分に自信をなくしていってしまう言葉なのです。

ズバリ！
解決策！

「あと2か月しかない」ではなく「あと2か月もある」と考えよう！

あと２か月しかないのに～
まだ２か月もある！

プラス
思考で
いこう！

大人にとって、2か月はあっというまに過ぎ去ってしまう時間かもしれませんが、子どもにとっては長い長い月日です。子どもは、決して「もうすぐ卒園式」「まもなく進級」ではなく、それらはまだまだ先の出来事だと思っています。子どもは、「もうすぐ◎◎ぐみさん」なんて、そんな先のことは言ってほしくなく、むしろ今を楽しみ、友達とも先生ともたっぷりと遊びたいと思っています。そこで先生も、「あと2か月しかない」ではなく「あと2か月もある」と考え、春や夏ごろと比べると、ずいぶん落ち着いている子どもたちと、ゆったりと過ごし、子どもの成長を感じながら、2月はどうか保育を楽しんでほしいと思います。さまざまな行事が待っている2月～3月は、確かに焦りを感じるかもしれませんが、子どもも先生も自分にもっとも自信を持てるようになるのが、実はこの時期なのです。

第4章
保育のことで悩んだら
2~3月

これでよかったのかしら？私の保育…

私の気持ち

- 子どもたちは楽しかっただろうか…？
- 1年を通して反省点ばかりが気になる

こんな感じなんです…

今年度もいよいよ最後の月がやってきました。子どもたちの成長に目を細め、それをうれしく思うこともありますが、この1年、自分の保育はこれでよかったのかと、急に心配になってくることもあります。3月は、1年の保育の評価や反省が求められる月ですが、気になることがたくさん出てきて、評価よりも反省ばかりしてしまいます。

今のあなたの気持ちは…

「評価」よりも「反省」ばかりをしてしまう

「やりたかった保育はたくさんあったのに、ぜんぜんできなかった」、「子どもの姿を見ても、あれもできていない、これもできない、これでよかったのかしら」…、そうやって、反省することがたくさん出てくるのが3月です、若い先生ほどそうなりやすく、この時期になって、自分の保育に自信をなくしてしまうこともあります。

保育の反省をするのはいいことですが、ここで忘れてはいけないのは、「評価」をすることです。「反省」ばかりしてしまうと気分もめいり、ますます自信をなくしてしまいます。

ズバリ！解決策！

楽しかった思い出を
みんなで振り返ろう！

プラス思考でいこう！

ウソのように思われるかもしれませんが、「この1年の楽しかった思い出を振り返る」、たったそれだけで、子どもたちにも先生にも笑顔がうんと増え、自分に自信を持つことができるのです。その方法はたくさんあります。例えば運動会や遠足など、いろいろな行事の写真をみんなで見る。クラスでうたった歌をあらためてみんなでうたう、この1年の絵や作品をつづる際、そのときどきの思い出をみんなで話し合う。運動会の競技を今あらためてやってみるなど、なんでもいいのです。歌をうたうときにはイントロ当てクイズをしたり、以前に描いた絵を見せて何の絵か（どこに行ったときの絵か）当てたりするなど、クイズ形式にするとより盛り上がります。

自分にすばらしい思い出があるとわかったとき、子どもは自分に、自信を持つようになります。そんな楽しい思い出がたくさんできたのは担任の先生、つまりあなたのすばらしい保育があったからです。あなたの保育は、子どもたちにすばらしい成長と、たくさんの思い出をもたらしたのです。自信を持っていいのです。さあ、子どもたちといっしょに、ぜひ、また来年もがんばりましょう。

3月
このクラスの担任でよかった

エピローグ

かなった夢を楽しもう！

かなった夢を楽しもう！

長年の夢だった、子どもの世界。

ところが、いざ現場に入ってみると、

さまざまな困難が待ち構えていたことと思います。

もう辞めてしまいたいと思うほど悩んだ方も

おられることでしょう。

でも、**ちょっと待って**ください。

「そんなにイヤなら代わってほしい」という声が

私には聞こえてきます。

その夢を実現できなかった多くの女性の声です。

「その苦労も、夢がかなったからこそやってきたのでしょ？

そんなことで悩むのはぜいたくよ」

彼女たちはそう思っているにちがいありません。

10代の女性の**「将来就きたい仕事」のNO.1**は、

今も昔も**「幼稚園・保育園の先生」**です。

でも、その夢を実現できるのは、ごく限られた人だけです。

出し物たっぷりネタ帳

編著／阿部恵

「出し物」担当になっても大丈夫！出し物を決めるのに、いろいろな本を開く必要はありません。この一冊でOKです！

0～5歳児の生活習慣身につけbook

監修／鈴木みゆき　著／永井裕美

現場で生活習慣についての悩みは増加。「子どもに楽しくしっかり伝えたい」「保護者と協力もしたい」保育者にオススメ。

ケガ＆病気の予防・救急マニュアル

監修／鈴木洋・鈴木みゆき　著／永井裕美

「いざというときどうしよう！？」予防から対応までを凝縮。
いつでも見られるように、ぜひお手元に！

多くの人が、何らかの事情で、それ以外の仕事に就いていきます。

そんな中、あなたは、その**夢を実現させた**のです。

すばらしいことです。

でも、もしかしたら今は、園で働くのもあたりまえ、

毎日子どもと会うのもあたりまえ…、

すべてがあたりまえのようになってはいないでしょうか？

それらは、決してあたりまえではないのです。

まさに奇跡に近いことなのです。

すばらしいことなのです。

辞めてからやっとそれに気づく人もいます。

なんというもったいない話かと思います。

ぜひ、今、気づいてほしいと思います。

だってあなたは今、本当に**幸せのど真ん中**にいるのですから。

どうか、**すばらしい「今」を楽しんで**ください。

〈著者〉
原坂　一郎（はらさか　いちろう）
23年間神戸市立保育所に勤務。現在 KANSAI こども研究所所長。
日本笑い学会理事。関西国際大学 教育学部講師。保育コンサルタント。
著書『子どもがこっちを向く指導法』『子どもがこっちを向くことばがけ』（ひかりのくに）など。
HP: http://www.harasaka.com

Photo by 田村 工

STAFF
〈イラスト〉
三本桂子、おかじ伸、水野ぷりん
〈編集制作〉
株式会社 どりむ社
〈装丁〉
曽我部尚之
〈企画・編集〉
安藤憲志、藤濤芳恵
〈校正〉
堀田浩之

※本書は弊社発行『月刊・保育とカリキュラム』に連載（2008年4月号～2011年10月号）された原稿に加筆修正を加えつつ単行本化したものです。

ハッピー保育books⑮
誰にも言えない保育の悩みが
プラス思考でスッキリ解決する本
2011年10月　初版発行

著　者　原坂一郎
発行人　岡本　健
発行所　ひかりのくに株式会社
〒543-0001　大阪市天王寺区上本町3-2-14　郵便振替00920-2-118855　TEL.06-6768-1155
〒175-0082　東京都板橋区高島平6-1-1　郵便振替00150-0-30666　TEL.03-3979-3112
ホームページアドレス　http://www.hikarinokuni.co.jp

製版所　近土写真製版株式会社
印刷所　東洋紙業株式会社

Printed in Japan
ISBN978-4-564-60798-1
NDC376　128P 18×13㎝